Reclam Literaturunterricht

Sachanalysen. Stundenverläufe. Arbeitsblätter

Arthur Schnitzler
Lieutenant Gustl

Von Lorenz Kemethmüller und Hans-Peter Schneider

Reclam

Abkürzungen und Symbole

EA Einzelarbeit
PA Partnerarbeit
GA Gruppenarbeit
UG Unterrichtsgespräch
LV Lehrervortrag

* Kennzeichnung eines zusätzlichen Arbeitsauftrags bzw. Unterrichtsschritts auf erhöhtem Niveau (für Binnendifferenzierung)
HA Hausaufgabe

Verweis auf die zugehörige Ausgabe:
Arthur Schnitzler: Lieutenant Gustl. Novelle. Hrsg. von Sabine Wolf.
Stuttgart: Reclam, 2017. (Reclam XL. Text und Kontext. 19128.)
Stellenangaben mit Seiten- (und Zeilen)zähler beziehen sich auf diese Ausgabe.

Code für editierbare Arbeitsblätter und Vorlagen

Alle für den Unterricht benötigten *Arbeitsblätter* und *Vorlagen* (Bilder und Texte) sind digital auf der Webseite **www.reclam.de/lehrer_gustl** zum Download verfügbar. Bitte geben Sie folgenden Code ein:

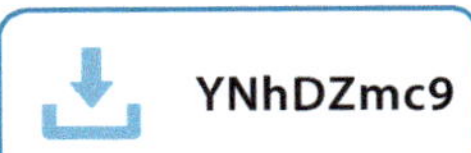

Reihenkonzept: Max Kämper

Reclam Literaturunterricht | Nr. 15806
2019 Philipp Reclam jun. Verlag GmbH,
Siemensstraße 32, 71254 Ditzingen
Druck und Bindung: Elanders GmbH,
Anton-Schmidt-Straße 15, 71332 Waiblingen
Printed in Germany 2019
RECLAM ist eine eingetragene Marke
der Philipp Reclam jun. GmbH & Co. KG, Stuttgart
ISBN 978-3-15-015806-7
www.reclam.de

Inhalt

Vorbemerkung

Lieutenant Gustl: ein Werk, mit dem Arthur Schnitzler im Jahr 1900/01 neue Wege für die deutsche Literaturlandschaft beschritten hat. Erstmals wurde hier im deutschen Sprachraum die komplette Handlung in einem inneren Monolog des Protagonisten erzählt. So schafft Schnitzler es, eine Synthese zwischen den Gefühlen und Gemütszuständen des jungen Lieutenants, den sozialen und gesellschaftlichen Gegebenheiten der Zeit um die Jahrhundertwende und der in wenigen Stunden ablaufenden Handlung herzustellen. Dadurch wird dieses literarische Werk, wie von den Deutschlehrplänen erwünscht, von den Schülerinnen und Schülern als Simulationsraum der Wirklichkeit erfahren, in dem der individuellen und kulturellen Identitätsfindung ein besonderes Augenmerk gewidmet wird. Die Schülerinnen und Schüler können anhand des *Lieutenant Gustl* Einstellungen, Verhaltensweisen und Wertvorstellungen des Protagonisten ergründen, diese reflektieren und mit ihren eigenen vergleichen bzw. ihren eigenen Wertehorizont erweitern. Der Text ermöglicht eine psychologische Fallstudie, anhand derer die Schülerinnen und Schüler den Charakter einer ihnen altersmäßig zwar nahestehenden, in ihren Einstellungen aber wohl in vielen Bereichen maximal entfernten Figur ergründen und dabei gleichzeitig und unbewusst tiefergehende Einblicke in die Lebenswirklichkeit um 1900 erlangen.

Benutzungshinweise

Der Band enthält neun aufeinander aufbauende Unterrichtsstunden und zwei Klausuraufgaben mit Lösungshinweisen.

Jeder Entwurf einer Unterrichtsstunde besteht aus zwei Teilen:
- **Sachanalyse** mit einem praxisorientierten, auf den Unterrichtsverlauf bezogenen Interpretationsangebot
- **Unterrichtsverlauf** mit (a) kurzem Überblick über Thema und Ziel, (b) den Unterrichtsschritten in tabellarischer Übersicht und (c) ausführlichen Erläuterungen zu den einzelnen Unterrichtsschritten

Jede Unterrichtsstunde bietet alle für den Unterricht benötigten Materialien:
- kopierfähige **Arbeitsblätter** (ggf. mit Lösungshinweisen im Anhang)
- **Vorlagen** (Bilder oder Texte)
- **Tafelbilder** (Vorschläge für die mediale Präsentation)

Die Unterrichtsstunden enthalten an allen geeigneten Stellen Hinweise für
- einen möglichen **verkürzten Verlauf** (als fakultativ gekennzeichnete Unterrichtsschritte)
- eine mögliche **Binnendifferenzierung** (die entsprechenden Arbeitsaufträge auf erhöhtem Niveau sind mit einem Asterisk * gekennzeichnet)

Textgrundlage ist die Ausgabe:

Arthur Schnitzler: Lieutenant Gustl. Novelle. Hrsg. von Sabine Wolf. Stuttgart: Reclam, 2017. (Reclam XL. Text und Kontext. 19128.)

Hinweis: Die Reihe *Reclam Literaturunterricht* achtet auf gendergerechte Sprache. Aus Gründen der Lesbarkeit wird in seltenen Fällen davon abgewichen, immer sind aber alle Geschlechter gemeint.

1 Anfang – Die Exposition in vielfältigen Mosaiksteinchen

Sachanalyse

Mitten hinein in die Gedankenwelt Lieutenant Gustls stößt der Leser ganz am Anfang der gleichnamigen Novelle. Der Text beginnt, ohne jede Vorerklärung, mit dem Ausdruck von Langeweile, sogar ein bisschen Genervtheit: »Wie lang wird denn das noch dauern?« (7,1). Sofort wird der Leser somit in Gedanken hineingezogen, deren Ursprung und deren Zusammenhang er nicht, zumindest noch nicht, erfassen kann. Durch die Erzählform des inneren Monologs befindet man sich unmittelbar in der Innenwelt eines Offiziers und verfolgt dessen Gedankenfluss mit – für die damalige Zeit innovativ und für Aufsehen sorgend.

Der unvermittelte Start der Novelle lässt sofort erkennen, auf was man sich beim Lesen einstellen muss: Es werden nicht einfach »Erzählhäppchen« aneinandergereiht, sondern der Rezipient muss sich ständig aktiv in neue Zusammenhänge hineindenken, bekommt nur bruchstückhafte inhaltliche Informationen und muss sich aus diesen Mosaiksteinchen ein Gesamtbild selbst erschaffen. »Somit erfasst der Leser das Geschehen ausschließlich aus der subjektiven Perspektive des Lieutenants, die ihm regelrecht aufgezwungen wird.«[1]

Typisch für eine Novelle sind die Anlehnungen an das klassische Dramenbauprinzip, nach dem der erste Akt als Exposition fungiert. Ebenso dienen die Anfangsseiten (S. 7–13) zur Entfaltung der grundlegenden inhaltlichen Stränge und des Rahmenkonflikts.

Lieutenant Gustl befindet sich zu Beginn in einem Konzertsaal, in dem er schon einige Zeit einem Oratorium beiwohnt. Realen Bezug gibt es wohl zu einem tatsächlichen Oratorium, das am 4. April 1900 vom Evangelischen Singverein im Wiener Musiksaal aufgeführt wurde. Schon im ersten Abschnitt erkennt man das Bildungsniveau des »23 oder 24 Jahre alten Protagonisten«[2]. Obwohl er schon einige Zeit in der musikalischen Aufführung anwesend ist, kommt er nun erst darauf, im Programmheft nachzulesen, um welches Konzert es sich überhaupt handelt (vgl. 7,7 ff.). Gleichzeitig wird deutlich, dass sich Lieutenant Gustl immer wieder darüber Gedanken macht, was andere Leute von ihm denken und sagen könnten (vgl. 7,2 ff.). Auch später wird klar, dass er sich viele Gedanken um seine gesellschaftliche Wirkung macht und in derartigen Kreisen nicht negativ oder ungebildet auffallen möchte: »Ja, applaudieren wir mit. Der neben mir klatscht wie verrückt. Ob's ihm wirklich so gut gefällt?« (7,27 f.)

Nach den anfänglichen Hintergrundinformationen steigert sich die Spannung: »Woher sollt' mir auch die Laune kommen? Wenn ich denke, dass ich hergekommen bin, um mich zu zerstreuen …« (7,14 ff.). Man wird als Leser unvermittelt in eine neue Situation hineinversetzt, deren inhaltlichen Hintergrund man noch nicht verstehen kann. Doch der Anreiz, weiter in die Gedanken Gustls einzutauchen, ist gesetzt. Sofort stellt man sich die Frage, was dem Lieutenant passiert sein mag, dass er sich zerstreuen muss. Doch dieser Spannungsbeginn wird erneut von scheinbar belanglosen Informationen zu Gustls engstem Freund Kopetzky, dem »einzige[n], auf den man sich verlassen kann« (7,20 f.), unterbrochen.

Auf den folgenden Seiten werden verschiedenste Gedankenstränge im ständigen Wechsel bruchstückhaft wiedergegeben, die Exposition wird sozusagen »entfaltet«. In freien Assoziationen werden Inhalte zusammenhanglos aneinandergereiht, der Rezipient muss in seinem Lesevorgang die Verknüpfungen und Verbindungen selbst vollziehen. Ein zentraler Punkt ist dabei Gustls Sicht der Frauenwelt. Schnell wird klar, dass Treue für ihn kein Ziel ist und dass er sich ständig nach neuen Eroberungen umsieht: »Das Mädel drüben in der Loge ist sehr hübsch. Sieht sie mich an oder den Herrn dort mit dem blonden Vollbart?« (7,29 f.). Man erfährt, dass er eine heimliche Geliebte, Steffi, besitzt, mit der er sich ohne das Wissen ihres eigentlichen Partners immer wieder trifft und Briefverkehr pflegt (vgl. 8,31 ff.). Diese lässt allerdings aus Gustls Sicht zu wenige gemeinsame Treffen zu, was ihn erbost. Der Gedanke ans Heiraten kommt ihm zwar schon, jedoch kann er sich noch nicht dazu durchringen, diesen Schritt zu gehen und damit seine sexuelle Freiheit aufzugeben (vgl. 13,12 ff.).

Passend zum Spiel mit der Frauenwelt, aber eigentlich unpassend für einen Soldaten seines Rangs ist auch Gustls Neigung zum Glücksspiel, die ihn durchaus in ernstere finanzielle Nöte bringt. Um sich aus diesen zu befreien, fordert er die Unterstützung anderer Familienangehöriger, gibt aber nur missmutig seinerseits Gegenleistungen dafür (vgl. 9,30 ff. und 10,2 ff.).

Besonders wichtig ist die Erwähnung des eigentlichen Rahmenkonflikts: des bevorstehenden Duells mit einem promovierten Juristen, der aus Gustls Sicht

1 Mario Leis, *Lektüreschlüssel. Arthur Schnitzler, »Lieutenant Gustl«*, Stuttgart 2010, S. 7.
2 Ebd., S. 7.

bei einem geselligen Abend die Ehre des österreichischen Soldatenstands verletzt hat (vgl. 9,17 ff., 11,7 ff. und 12,7 ff.). Auch diese Handlung wird nicht am Stück, sondern in wohldosierten Einzelteilen nach und nach angeführt und wie nebensächlich erzählt, was wiederum deutlich das unbedachte Wesen des Lieutenants offenbart, da es schließlich um Leben und Tod geht. Er jedoch blickt eher gespannt und siegessicher auf das Duell am kommenden Tag und denkt zurück an einen früheren, ebenfalls erfolgreich geführten Zweikampf (vgl. 11,1 ff.).

Als zwei weitere Motivbereiche fließen in der Exposition (S. 7–13) zahlreiche antisemitische Anspielungen und militärische Sichtweisen ein, die in späteren Kapiteln eingehender untersucht werden.

Unterrichtsverlauf

Überblick. Die Schülerinnen und Schüler lernen das Prinzip des inneren Monologs kennen bzw. aktualisieren ihr Wissen dazu, gegebenenfalls auch mit Hilfe eines Sachtextes. Sie wenden selbständig dieses Wissen auf sich selbst an. Das durch diese Auseinandersetzung geweckte Interesse übertragen sie auf den Anfangsteil der Novelle *Lieutenant Gustl.* Sie setzen sich intensiv mit dem Rahmenkonflikt und den Handlungssträngen auseinander, die auf den ersten Seiten der Novelle angesprochen werden, und untersuchen die Gedankensprünge des Protagonisten. ! **Verkürzter Verlauf: 1.1 – 1.3 – 1.4 – 1.5**

Phase	Thema	Sozialform	Kompetenzen und Lernziele	Materialien
Voraussetzungen: keine				
1.1	Einstiegsphase: Selbstreflexion der Schülerinnen und Schüler mit innerem Monolog	EA / UG	• Inneren Monolog kennen- und erlernen • Selbstreflexion üben • Interesse wecken	VORLAGE 1a ➤ S. 7
1.2 fakultativ	Definition des inneren Monologs	EA (LV)	• Einen Lexikonartikel verstehen • Einem Sachtext Informationen entnehmen • Historische Wurzeln kennenlernen	ARBEITSBLATT 1a ➤ S. 12
1.3	Der Beginn der Novelle: Situierung und Ausgangslage	UG	• Mit Hilfe erster Textinformationen eine Situierung herstellen • Texterschließungstechniken einüben	VORLAGE 1b ➤ S. 8
1.4	Erschließung des Monologs während des Oratoriums (S. 7–13)	PA	• Texterschließungstechniken selbst anwenden • Zentrale Inhalte des Monologabschnitts und Figurenkonstellation erkennen	ARBEITSBLATT 1b ➤ S. 13
1.5	Erschließung der Handlungsstränge und Ergebnissicherung	UG	• Zentrale Handlungsstränge und Rahmenkonflikt erkennen • Verhältnisse und Ziele erschließen	TAFELBILD 1 ➤ S. 10
1.6 fakultativ	Transfer: Fortsetzung der Erzählung	UG / EA	• Erschlossenes Wissen anwenden und in einem neuen Rahmen anwenden • Kreativ an der Thematik weiterarbeiten	VORLAGE 1c ➤ S. 11
HA	Lektüre des ersten Textabschnitts			*Lieutenant Gustl*, Reclam XL, S. 7–19

Diese einführende Unterrichtssequenz erfolgt ohne häusliche Lektüre des Dramas durch die Lerngruppe. Sie wird sukzessive mit entsprechenden Leseaufträgen an den schwierigen Lerngegenstand herangeführt, um die Rezeptionsbereitschaft nicht zu belasten. Die Kenntnis des gesamten Werks wird erst später vorausgesetzt.

1.1 Einstiegsphase: Selbstreflexion der Schülerinnen und Schüler mit innerem Monolog

Unterrichtsschritt. Mit der VORLAGE 1a ***Einstiegsübung*** lernen die Schülerinnen und Schüler den inneren Monolog kennen und verstehen, wie man diesen verfasst. Auf Basis ihrer eigenen Ergebnisse und Feststellungen erkennen sie die assoziative Vorgehensweise und erfahren produktions- und handlungsorientiert, welche Möglichkeiten diese Gestaltungsform bietet, aber auch, welche Schwierigkeiten dabei auftreten können.

EA / UG

VORLAGE 1a ➤ S. 7

Erläuterungen. Am Beginn dieser Unterrichtsstunde und noch vor dem Lesen der ersten Buchseiten wird den Schülerinnen und Schülern ein Einstieg geboten, der sie sicherlich zunächst einmal verwirren wird. Sie sollen ihre Augen schließen und nichts machen (VORLAGE 1a, Arbeitsauftrag 1). In der Folgezeit werden sie bei geschlossenen Augen über verschiedenste Dinge nachdenken. Je nach Lerngruppe sollen alle nach etwa ein bis zwei Minuten auf das Signal der Lehrkraft hin wieder ihre Augen öffnen. Unmittelbar daran soll das Notieren der Gedanken anschließen, die die Schülerinnen und Schüler bei geschlossenen Augen hatten (Arbeitsauftrag 2). Wichtig ist, dass die Schülerinnen und Schüler darauf hingewiesen werden, wirklich alles zu notieren, was ihnen in den Sinn gekommen ist, ohne dabei auf Logik, Syntax oder Grammatik zu achten.

Daraufhin wird eine ähnliche Übung durchgeführt, nur sollen die Schülerinnen und Schüler dieses Mal bei offenen Augen durch das Klassenzimmer gehen. Wichtig ist dabei, dass absolute Ruhe herrscht und die Schülerinnen und Schüler vorab auf die Notwendigkeit hingewiesen werden, sich alle Gedanken zu merken (Arbeitsauftrag 3). Wiederum nach etwa ein bis zwei Minuten sollen sich die Schülerinnen und Schüler auf ihre Plätze setzen und sämtliche Gedanken aufschreiben (Arbeitsauftrag 4). Daran schließt eine gegenseitige Vorleserunde (Arbeitsauftrag 5) und ein Erfahrungs- und Gedankenaustausch zu dieser Übung (Arbeitsauftrag 6) an.

Hinweis: Die jeweiligen Aufträge werden nacheinander gezeigt, nicht alle gemeinsam.

VORLAGE 1a

Einstiegsübung

1. Machen Sie es sich auf Ihrem Platz bequem! Schließen Sie danach Ihre Augen und halten Sie diese geschlossen, bis die Lehrkraft Ihnen den nächsten Auftrag gibt.
2. Schreiben Sie nun chronologisch alle Ihre Gedanken auf, die Ihnen bei geschlossenen Augen in den Sinn gekommen sind. Sie müssen dabei nicht auf Logik oder grammatikalische Richtigkeit achten.
3. Stehen Sie auf und gehen Sie ohne zu sprechen durch den Raum, bis Sie die nächste Aufgabe bekommen. Versuchen Sie dabei, sich alle Ihre Gedanken zu merken!
4. Setzen Sie sich wieder auf Ihren Platz und notieren Sie erneut alle Ihre Gedanken in chronologischer Reihenfolge.
5. Lesen Sie Ihre Ergebnisse vor.
6. Setzen Sie sich im Unterrichtsgespräch mit folgenden Fragen auseinander:
   - Wie habe ich mich bei dieser Übung gefühlt?
   - Was hat mich überrascht?
   - Wie ist es mir beim Aufschreiben meiner Gedanken gegangen?
   - Welche Unterschiede habe ich bei den beiden unterschiedlichen Formen des Gedankennotierens festgestellt?

1.2 Definition des inneren Monologs (fakultativ)

Unterrichtsschritt. Im ARBEITSBLATT 1a ***Definition des inneren Monologs*** wird eine Definition des inneren Monologs gegeben. Indem sich die Schülerinnen und Schüler damit auseinandersetzen, erhalten sie eine fundierte Wissensbasis zum inneren Monolog für die folgende Lektürephase. Sie erkennen dessen Bedeutung und Ursprünge und verstehen, wie er literarisch umgesetzt wird. Wird dieser Unterrichtsschritt weggelassen, sollten die Informationen knapp durch Lehrervortrag gegeben werden.

EA (LV)

ARBEITSBLATT 1a ➤ S. 12

Leitfragen:
1. Fassen Sie die wichtigsten Kennzeichen des inneren Monologs zusammen.
2. Vergleichen Sie die genannten Merkmale mit Ihren Feststellungen aus der Einstiegsphase.
3. Diskutieren Sie in Ihrer Lerngruppe, was mit »Aufgabe eines geschlossenen Weltentwurfs zugunsten der Darstellung der Welt als Reflex im Subjekt« und mit »die weitgehende Problematisierung der Identität und Geschlossenheit des Subjekts selbst« gemeint ist.

1.3 Der Beginn der Novelle: Situierung und Ausgangslage

UG

VORLAGE 1b

➤ S. 8

Unterrichtsschritt. Um die Schülerinnen und Schüler fließend und interesseweckend an den Text heranzuführen, wird zunächst der erste Abschnitt unter Verwendung der VORLAGE 1b ***Arthur Schnitzler: »Lieutenant Gustl« (1901)*** gelesen und im Anschluss daran gemeinsam erschlossen. Die Fokussierung auf einen Textabschnitt, der zur gemeinsamen Textarbeit an die Tafel projiziert wird, löst eine bewusste Auseinandersetzung der Lerngruppe mit dem Beginn der Novelle aus. Dadurch wird erreicht, dass alle Schülerinnen und Schüler die Situierung des Textes in gleicher Weise verstehen und sich einen ersten Einblick in die Gedanken Lieutenant Gustls verschaffen.

Erläuterungen. Durch den unmittelbaren Beginn werden die Schülerinnen und Schüler direkt in eine Situation hineinversetzt, die sie zunächst nicht allumfassend deuten können. Bereits der erste Satz »Wie lang wird denn das noch dauern? Ich muss auf die Uhr schauen …« (7,1 f.) deutet auf einen gelangweilten, wohl auch genervten Ich-Erzähler Lieutenant Gustl hin, der sich gerade offensichtlich in einer für ihn unangenehmen Situation befindet. Hier kann aus diesem Grund durchaus schon im lauten Vorlesen ein erster Stopp gemacht werden, um dadurch erste Gedanken und Assoziationen bei den Schülerinnen und Schülern zu erfragen.

Im weiteren Verlauf sollen dann wichtige Feststellungen im Unterrichtsgespräch getroffen werden. So kann man die Situierung dahingehend vornehmen, dass sich der Lieutenant gerade in einem Konzert befindet (vgl. 7,3) und er erst während der Veranstaltung erfährt, dass es sich um ein Oratorium handelt (vgl. 7,9). Dabei zeigen sich schon grundlegende charakteristische Eigenschaften des Ich-Erzählers wie Desinteresse an der Kultur, Unbildung (vgl. 7,9 ff.), Ungeduld (vgl. 7,1 ff.) oder auch der Wunsch, nicht negativ aufzufallen (7,2 ff.). Der letzte Satz des gemeinsam gelesenen Abschnitts bringt die erste grundlegende Spannungssteigerung mit sich: »Wenn ich denke, dass ich hergekommen bin, um mich zu zerstreuen …« (7,15 f.). Die Schülerinnen und Schüler könnten hier durchaus Überlegungen anstellen, weshalb sich der Ich-Erzähler zerstreuen muss.

Parallel zur inhaltlichen Erschließung sollen auch Besonderheiten im Satzbau und Auffälligkeiten in der Textstruktur angesprochen werden. So kann man beim Ich-Erzähler eine Häufung von unsicheren Fragen an sich selbst feststellen. Immer wieder kommt es in Gedanken zu Ausrufen, durch die sich der Lieutenant scheinbar ständig und emotional selbstvergewissert. Ebenfalls fallen schon von Beginn an deutliche Gedankensprünge auf; es wird somit nicht eine lineare Handlung erzählt. Mit einem Rückgriff auf den Einstieg, bei dem die Schülerinnen und Schüler selbst das Festhalten ihrer Gedanken ausprobiert haben, kann hier nochmals das Verständnis der Lerngruppe für eine derartige Textstruktur gefördert werden.

VORLAGE 1b

Arthur Schnitzler: *Lieutenant Gustl* (1901)

»Wie lang wird denn das noch dauern? Ich muss auf die Uhr schauen … schickt sich wahrscheinlich nicht in einem so ernsten Konzert. Aber wer sieht's denn? Wenn's einer sieht, so passt er gerade so wenig auf, wie ich, und vor dem brauch' ich mich nicht zu genieren … Erst viertel auf zehn? … Mir kommt vor, ich sitz' schon drei Stunden in dem Konzert. Ich bin's halt nicht gewohnt … Was ist es denn eigentlich? Ich muss das Programm anschauen … Ja, richtig: Oratorium! Ich hab' gemeint: Messe. Solche Sachen gehören doch nur in die Kirche! Die Kirche hat auch das Gute, dass man jeden Augenblick fortgehen kann. – Wenn ich wenigstens einen Ecksitz hätt'! – Also Geduld, Geduld! Auch Oratorien nehmen ein End'! Vielleicht ist es sehr schön, und ich bin nur nicht in der Laune. Woher sollt' mir auch die Laune kommen? Wenn ich denke, dass ich hergekommen bin, um mich zu zerstreuen …«

Arthur Schnitzler, *Lieutenant Gustl*, Reclam XL, S. 7, Z. 1–16.

Leitfragen/Aufträge:
1. Nehmen Sie eine Situierung des Abschnitts vor.
2. Deuten Sie Charakterzüge und Verhaltensweisen Gustls, die sich in diesem zeigen.
3. Erschließen Sie Besonderheiten im Satzbau und Auffälligkeiten in der Textstruktur.

1.4 Erschließung des Monologs während des Oratoriums (S. 7–13)

Unterrichtsschritt. Gemeinsam lesen die Schülerinnen und Schüler den Textabschnitt 7,16–13,34. Im Anschluss daran erarbeiten sie sich mit Hilfe des **ARBEITSBLATTS 1b** ***Arthur Schnitzler: »Lieutenant Gustl« (1901)*** in Partnerarbeit einen Überblick über den Inhalt und die Struktur des Textes. Sie üben dabei Techniken der Texterschließung ein, analysieren und erkennen Handlungselemente und bekommen einen ersten Überblick über die Figurenkonstellation. Mit den Lösungen des Arbeitsblatts bereiten die Schülerinnen und Schüler das Unterrichtsgespräch des folgenden Unterrichtsschritts vor.

PA

ARBEITSBLATT 1b
➤ S. 13
Lösungshinweise
➤ S. 103

Erläuterungen. Anhand des **ARBEITSBLATTS 1b** gehen die Schülerinnen und Schüler nach einer klaren Strukturierung vor. Anstelle einer klassischen Einteilung in Sinnabschnitte sollen sie zentrale Themen in den Gedankengängen Lieutenant Gustls erkennen und in Worte fassen. Sie verstehen dabei, dass sich dessen Gedanken immer wieder im Kreis drehen und zusammenhangslos zwischen den einzelnen Themen hin- und herspringen. Auch erschließen sie die Beziehung zu den drei auf den ersten Seiten genannten Figuren Steffi, Doktor und Kopetzky.

1.5 Erschließung der Handlungsstränge und Ergebnissicherung

Unterrichtsschritt. Auf Basis der vorherigen Partnerarbeit werden im Unterrichtsgespräch die zentralen Themen und Strukturen der ersten Seiten von *Lieutenant Gustl* übersichtlich und prägnant im Tafelbild zusammengefasst und gesichert. Die Schülerinnen und Schüler erkennen dabei die verwirrenden und sprunghaften Gedankengänge Gustls und verstehen, dass sich dadurch einerseits Spannung und Neugier aufbauen, aber sich auch noch ein zentraler Konflikt entwickeln muss. Darüber hinaus erarbeiten sie sich die grundlegende Wissensbasis zum Verständnis der weiteren Handlung. Auch entwickeln sie ein tiefergehendes Verständnis für den inneren Monolog und erkennen, dass sie durch diesen eine ganz besondere, rein persönlich gefärbte Sicht eines Geschehens erhalten.

UG

TAFELBILD 1
➤ S. 10

Erläuterungen. Die Schülerinnen und Schüler sollen nicht nur ihre Feststellungen wiedergeben, sondern auch tiefergehend die jeweiligen Motive und Themen reflektieren. So nennen sie zunächst die Überbegriffe für die unterschiedlichen Gedanken Gustls, um danach das Verhältnis des Lieutenants zu den jeweiligen Themen und Motiven zu verbalisieren. Dabei stellen sie fest, dass sich in Gustls Gedanken sowohl positive als auch negative Sichtweisen finden lassen und dass manche von diesen durchaus überraschend sind. Das jeweilige Verhältnis soll mit einfachen Symbolen im Tafelbild deutlich gemacht werden. Es zeigt sich bereits jetzt, dass Lieutenant Gustl kein positiver Held ist, da viele seiner Einstellungen durchaus befremdlich sind. So zeigt er sich beispielsweise vom Militär angetan und nimmt das Duellwesen als fast schon alltägliche Soldatenpflicht hin. Dagegen zeigt sich schon deutlich eine Abneigung gegen Juden und den Doktor. Die Schülerinnen und Schüler erkennen, dass eine Vielzahl an Themen und Motiven in diese wenigen Anfangsseiten gepackt sind, und vermuten, dass im Lauf der Erzählung etliches davon wieder aufgegriffen wird.

Leitfragen:
1. Erläutern Sie Ihre Feststellungen aus der Erarbeitungsphase zu Gustls Gedankensprüngen und fassen Sie diese jeweils knapp in einem Überbegriff zusammen.
2. Beschreiben Sie jeweils mit einem Symbol, wie Lieutenant Gustl jeweils zu den unterschiedlichen Überbegriffen steht.
3. Beurteilen Sie, was die Gedankensprünge beim Leser bewirken.
4. Überlegen Sie, welche Ziele sich im Hinblick auf den Handlungsverlauf bereits herauskristallisieren.

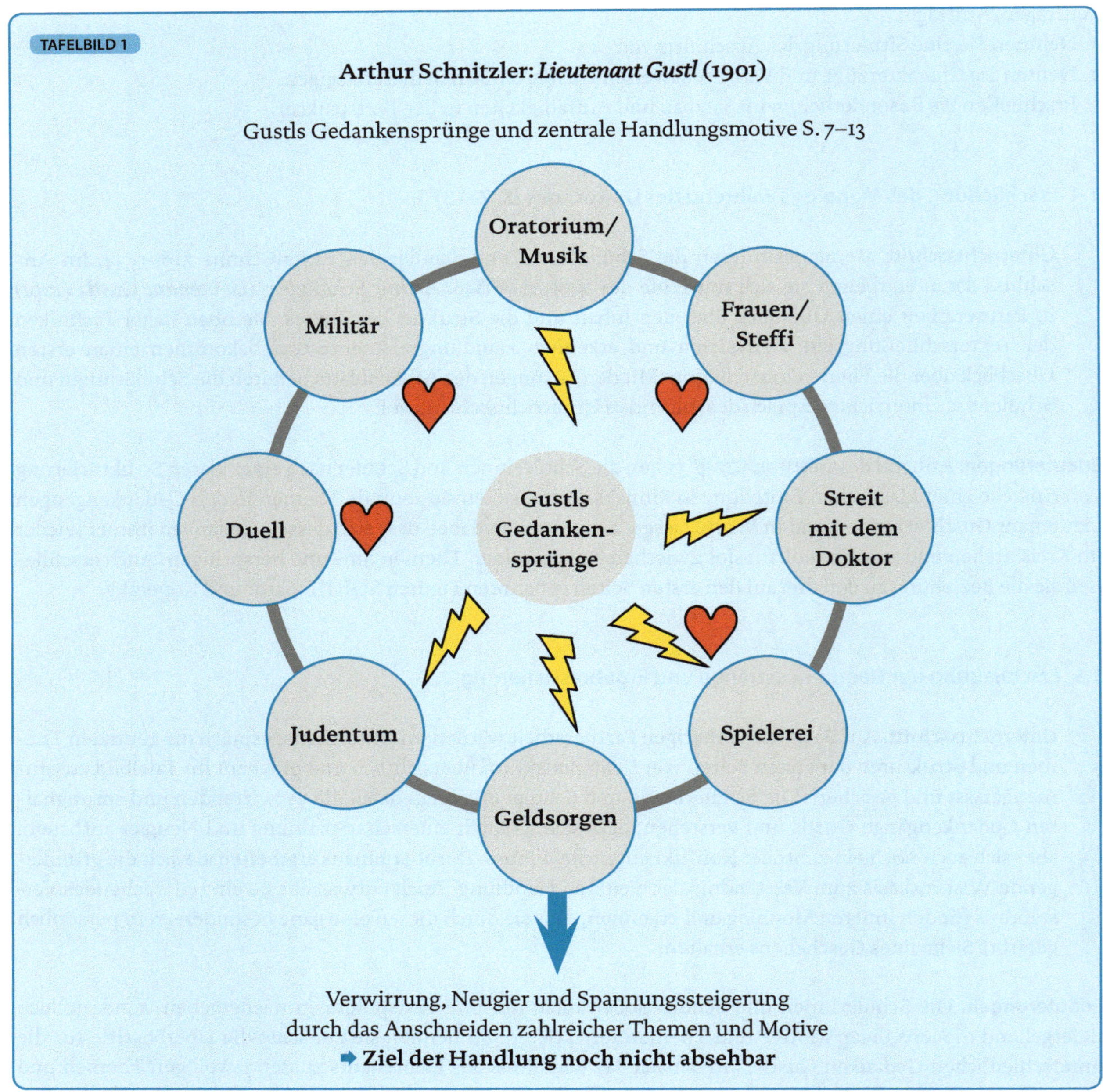

1.6 Transfer: Fortsetzung der Erzählung (fakultativ)

UG / EA

VORLAGE 1c

➤ S. 11

Unterrichtsschritt. Auf Grundlage des TAFELBILDS 1 machen sich die Schülerinnen und Schüler anhand der Leitfragen auf der VORLAGE 1c ***Fortsetzung der Erzählung*** kreative Gedanken, wie die Erzählung nun weitergehen könnte, und vollziehen damit einen Transfer.

Erläuterungen. Dies kann bei knapper Zeit sowohl kurz im Unterrichtsgespräch gemacht als auch bei mehr Zeit in Einzelarbeit vorbereitet und danach im Unterrichtsgespräch präsentiert werden. So werden bei den Schülerinnen und Schülern das eigene Handeln und Produzieren gestärkt und das Interesse für das weitere Lesen aufgebaut.

VORLAGE 1c

Fortsetzung der Erzählung

1. Überlegen Sie in einem Brainstorming, was Lieutenant Gustl im Folgenden passieren könnte.
2. Verfassen Sie einen inneren Monolog, in dem Sie dies in Worte fassen.
3. Überlegen Sie, welches der zuvor im Tafelbild gesicherten Themen aus Ihrer Sicht am meisten Brisanz und Spannung für den weiteren Handlungsverlauf verspricht und begründen Sie Ihre Wahl.

Hausaufgabe

Vorbereitende Lektüre von *Lieutenant Gustl*, Reclam XL, S. 7–20.

Definition des inneren Monologs

»**Innerer Monolog,** Erzähltechnik, die wie die verwandte erlebte Rede den Bewusstseinsstand einer Person unmittelbar wiederzugeben sucht. Geschieht dies in der erlebten Rede unter Beibehaltung des ep. Imperfekts und der 3. Person, verwendet der i.M., als stummer Monolog ohne Hörer, Ich-Form und Präsens. Sein bes. Gepräge erhält der i.M. in der Wiedergabe des Bewusstseinsstromes (stream of consciousness, eine amorphe Folge von Bewusstseinsinhalten). Diesen versucht der i.M. literar. zu gestalten durch lückenlose Darstellung (Erzählzeit länger als erzählte Zeit) sowie Lockerung der Syntax (einfachste unverbundene Aussage-Sätze) bis hin zu deren Auflösung (in- und übereinandergeblendete Satzfragmente, Simultantechnik). – Erste Experimente mit dem i.M. finden sich schon gegen Ende des 19. Jh.s bei W.M. Garschin (»Vier Tage«, 1877), E. Dujardin (»Les lauriers sont coupes«, 1888), H. Conradi (»Adam Mensch«, 1889), A. Schnitzler (»Lieutenant Gustl«, 1901); der i.M. ist dann Bestandteil oder Gesamtstruktur der großen Romane von J. Joyce (»Ulysses«, 1922), V. Woolf (»To the lighthouse«, 1927 u.a.), M. Proust (»À la recherche du temps perdu«, 1913–27), W. Faulkner (»The sound and the fury«, 1929 u.a.), A. Döblin (»Berlin Alexanderplatz«, 1929), Th. Mann (»Lotte in Weimar«, 1939), H. Broch (»Der Tod des Vergil«, 1945 u.a.). – Die rasche Entwicklung und Ausbreitung des i.M.s spiegelt zwei moderne Tendenzen der ep. Formen wider: 1. Die Aufgabe eines geschlossenen Weltentwurfs zugunsten der Darstellung der Welt als Reflex im Subjekt (›Verinnerung‹ des Erzählens) und 2. die weitgehende Problematisierung der Identität und Geschlossenheit des Subjekts selbst. […]«

Aus: Günther und Irmgard Schweikle: Metzler Literatur Lexikon. 2., überarb. Aufl. Stuttgart: Metzler, 1990. S. 221.

Arbeitsaufträge:

1. Fassen Sie die wichtigsten Kennzeichen des inneren Monologs zusammen.
2. Notieren Sie in der Spalte daneben Inhalte und Wörter, die für Sie nicht verständlich sind.
3. Vergleichen Sie die genannten Merkmale mit Ihren Feststellungen aus der Einstiegsphase.
4. Diskutieren Sie in Ihrer Lerngruppe, was mit »Aufgabe eines geschlossenen Weltentwurfs zugunsten der Darstellung der Welt als Reflex im Subjekt« und mit »die weitgehende Problematisierung der Identität und Geschlossenheit des Subjekts selbst« gemeint ist.
5. Informieren Sie sich im Internet oder in Literaturlexika über die Werke von W.M. Garschin, É. Dujardin und H. Conradi.

ARBEITSBLATT 1b

Arthur Schnitzler: *Lieutenant Gustl* (1901)

Lesen Sie *Lieutenant Gustl*, Reclam XL, S. 7–13, und bearbeiten Sie folgende Arbeitsaufträge:

1. Nennen Sie zentrale Themen und Motive innerhalb Gustls Gedankensprüngen und geben sie die entsprechenden Seiten- und Zeilenangaben an.

2. Drei Figuren werden in Gustls innerem Monolog auf diesen Seiten besonders erwähnt. Charakterisieren Sie das Verhältnis zwischen Gustl und der jeweiligen Figur knapp.

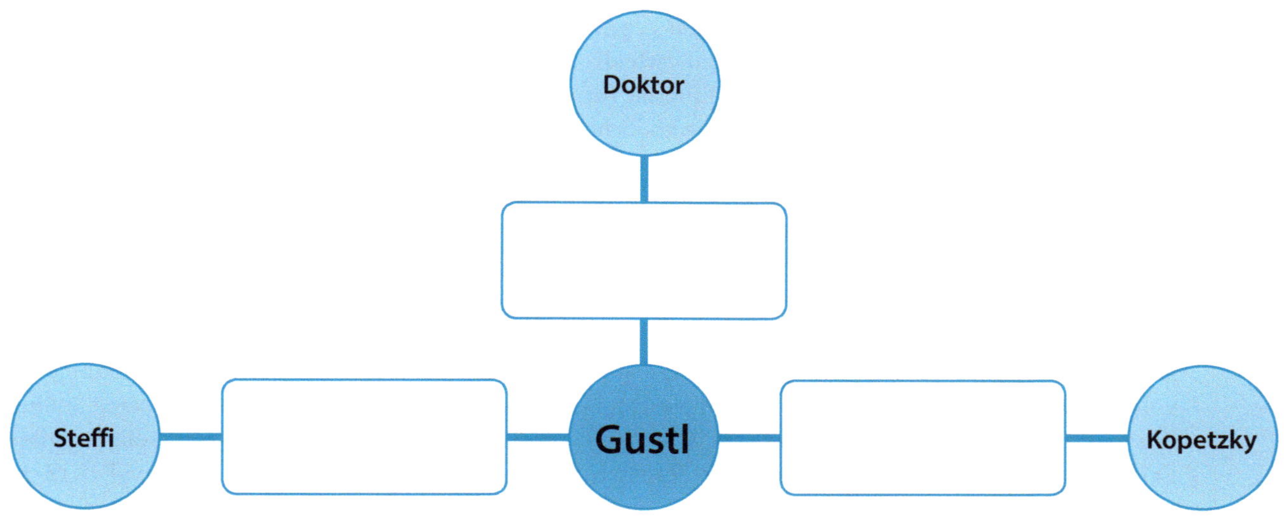

3. Erschließen Sie in dem gelesenen Abschnitt sprachliche Auffälligkeiten und deuten Sie deren Funktion im Zusammenhang.

2 Protagonist – Die anfängliche Charakterstudie des »dummen Bubs«

Sachanalyse

In der zweiten Stunde wird die Figur Lieutenant Gustl auf Basis des Novellenbeginns (Reclam XL, S. 7–20) charakterisiert. Der Protagonist ist als überwiegend defizitärer Charakter angelegt, in dem sich viele Schwächen und Vorurteile offenbaren. Dieser junge k. u. k. Infanterie-Offizier im Alter von vermutlich 23 oder 24 Jahren (vgl. 25,25 ff.) wird schon durch den Werktitel als eine Person eingeführt, vor der man nur schwerlich Respekt haben kann und die dementsprechend nur bedingt Ansehen genießt: Der ehrfurchtgebietende militärische Rang eines »Lieutenant« in Verbindung mit dem Kosenamen »Gustl« in Verniedlichungsform erzeugt von vornherein eine komische Wirkung.

Aus kleinbürgerlichem Elternhaus stammend, schlug Gustl wohl eher aus finanzieller Not seiner Familie als aus Überzeugung die militärische Laufbahn ein und wurde »in die Kadettenschul' gesteckt« (12,27 f.). Daraus geht er als bürgerlicher Offizier hervor; jedoch galten diese als zweitklassig im Vergleich zu dem »traditionell adligen Offizierkorps«[1]. In Gustl kann man somit »idealtypisch den Klassenaufsteiger mit Hilfe der militärischen Laufbahn«[2] sehen. Doch das Militär stellt für den Lieutenant den wichtigsten sozialen Halt dar, er ist stolz auf seinen Beruf: »wie ich das erste Mal den Rock angehabt hab', sowas erlebt eben nicht ein jeder« (12,30 f.). Dementsprechend sind jegliche abfällige Äußerungen zum Militär für ihn nicht akzeptabel, was seine aus heutiger Sicht völlig übertriebene Reaktion auf die rhetorische Frage des Doktors, »Herr Lieutenant, Sie werden mir doch zugeben, dass nicht alle Kameraden zum Militär gegangen sind, ausschließlich um das Vaterland zu verteidigen!« (12,14–17), zeigt. Die militärische Ehre ist für Gustl das höchste Gut, für das er sogar die tödliche Niederlage im Duell oder – noch extremer – den eigenen Selbstmord auf Grund des Zusammenstoßes mit dem Bäckermeister in Kauf nehmen würde.

Als ihn der Bäckermeister, ohne Aufhebens zu machen, in die Schranken weist, erkennt man, wie überfordert der Lieutenant mit unerwarteten Situationen ist. Er ist völlig perplex und kann sich zu keiner sinnvollen Reaktion entschließen (vgl. 16,13–17,13). Deutlich wird hier allerdings, dass ihm der Schein nach außen viel wichtiger ist, als seine persönliche Ehre bzw. sein Mannesstolz im Inneren. Denn er fände die Ehrverletzung nicht so schlimm, wenn ihm jemand garantiert, »dass er's [der Bäckermeister] nicht doch erzählt« (17,34). So zeigt sich, dass die Titulierung »dummer Bub« (15,34) durch den Bäckermeister für den Lieutenant durchaus zutreffend ist.

Allgemein fühlt sich Gustl ständig beobachtet und glaubt immer, dass Leute, die ihn anschauen, ein schlechtes, abschätziges Bild von ihm haben. Sowohl im Oratorium (»Was guckt mich denn der Kerl dort immer an?«, 8,26) als auch auf der Straße (»Warum schaut mich denn der Herr dort an der Säule so an?«, 16,27 f.; »Warum schau'n denn die zu mir herüber? Am End' haben die was gehört …«, 17,16 f.) entdeckt er immer wieder Personen, denen er pauschal negative Motive unterstellt. Sein geringes Selbstvertrauen und sein niedriges Selbstwertgefühl, die hier zum Ausdruck kommen, sind auch in einer grundlegenden Unfähigkeit zu erkennen, eigene Verantwortung zu übernehmen oder Schuld einzugestehen. Denn für sämtliche Handlungen und Entscheidungen sucht er einen Verantwortlichen. So sind am Oratoriumsbesuch zunächst sein Freund Kopetzky (vgl. 7,18 ff.), dann Steffi (vgl. 8,33 ff.) und schließlich sein Spielerei-Kamerad Ballert (vgl. 9,33 ff.) schuld, am bevorstehenden Duell mit dem Doktor »dieser junge Mensch, der die Jagdbilder malt« (12,4 f.), und an der Ehrverletzung auch nur der Bäckermeister selbst und nicht Gustl, der zu stürmisch von hinten die vor ihm stehenden Personen an der Garderobe bedrängt und gestoßen hat (vgl. 15,1 ff.). Durch zahlreiche Frauenabenteuer bzw. sein starkes sexuelles Interesse an der Damenwelt (vgl. 10,14 ff. oder 13,12 ff.), eine sofortige Aggressionsbereitschaft (vgl. 8,28 ff. oder 12,23 ff.) oder seine Spielerei (vgl. 9,30 ff.), die ihn noch dazu in finanzielle Engpässe bringt, versucht er sein geringes Selbstbewusstsein zu kompensieren.

Besonders abschätzig beurteilt er Juden, was so weit geht, dass er Frauen ablehnt, die aus seiner Sicht jüdische Wurzeln haben könnten (vgl. 14,3 ff.); immer wieder blitzen in seinen Gedanken antisemitische Tendenzen auf (vgl. 9,12 ff.). Sein Bildungsgrad entspricht nicht den Ansprüchen an seine Stellung (vgl. z. B. 7,7 ff.), weshalb er versucht, sein Unwissen teilweise durch Selbsttäuschungen (vgl. 8,18–21) oder durch Arroganz und Überheblichkeit auszugleichen. Im Spannungsfeld zwischen Antisemitismus und geringer Bildung ist besonders bemerkenswert, dass Gustl offenbar ein Oratorium besucht, das von dem

1 Sabine Wolf, »Anmerkungen«, in: Arthur Schnitzler, *Lieutenant Gustl*, Reclam XL, S. 51.
2 Ebd.

(getauften) Juden Felix Mendelssohn Bartholdy geschrieben wurde,[3] und sich gleichzeitig darüber beschwert, dass im Konzert »auch die Hälfte Juden« (14,6 f.) sind und man dieses nicht einmal »mehr in Ruhe genießen« (14,7 f.) kann. Man muss ihm aber unabhängig davon zugutehalten, dass er sich durchaus um Bildung, sowohl durch den Besuch von Opern als auch durch das Lesen von Büchern, bemüht. Dennoch ist durchweg festzustellen, dass Gustl oft mehr sein möchte, als er eigentlich ist. Nach außen bemüht er sich immer, die Scheinheiligkeit seines Daseins aufrechtzuerhalten und nicht negativ in der Gesellschaft aufzufallen.

3 Vgl. ebd., S. 50.

Unterrichtsverlauf

Überblick. Die Schülerinnen und Schüler nähern sich dem Protagonisten Lieutenant Gustl an, indem sie historische »August«-Figuren kennenlernen und Gemeinsamkeiten zwischen diesen und Gustl erkennen. Sie setzen sich intensiv mit dem Novellenbeginn (Reclam XL, S. 7–20) auseinander und erarbeiten aus dem inneren Monolog Gustls eine vielfältige Charakterisierung. Dabei lernen bzw. wiederholen sie den Bau eines Standbildes, einer Form der szenischen Interpretation. Zusammenfassend erkennen die Schülerinnen und Schüler den defizitären Charakter Lieutenant Gustls und können sein Verhalten dadurch besser bewerten.

! Verkürzter Verlauf 2.1 – 2.2 – 2.3 – 2.4

Phase	Thema	Sozialform	Kompetenzen und Lernziele	Materialien
Voraussetzungen: Textkenntnis S. 7–20				
2.1	Einstiegsphase: »O, du lieber Augustin« / »Dummer August«	UG	• Auditive und visuelle Medien analysieren und verstehen • Vergleich mit der Figur Lieutenant Gustl • Interesse wecken	Audiodatei (online) VORLAGE 2a ➤ S. 17 VORLAGE 2b ➤ S. 17
2.2	Charakterisierung Gustls in Standbildern	PA / GA	• Sich mit Charaktereigenschaften Gustls auseinandersetzen • Bauen eines Standbilds lernen bzw. vertiefen • Differenzierte Beurteilung eigener und fremder szenischer Interpretationen	ARBEITSBLATT 2 ➤ S. 22
2.3	Präsentation der Standbilder mit Charakterisierung Lieutenant Gustls	UG	• Umfassendes Charakterprofil Lieutenant Gustls erstellen • Präsentieren der eigenen Standbilder vor anderen	TAFELBILD 2 (Teil 1) ➤ S. 19
2.4	Vertiefende Beurteilung der Figur Gustl	PA / UG	• Defizitären Charakter Gustls feststellen • Folgen daraus artikulieren	TAFELBILD 2 (Teil 2) ➤ S. 20 VORLAGE 2c ➤ S. 20
2.5 **fakultativ**	Vertiefung und Transfer: Kommentierung des Verhaltens Lieutenant Gustls	EA	• Sicherung und Vertiefung des erworbenen Wissens • Transfer der Charakteristika auf andere Themenfelder	VORLAGE 2d ➤ S. 21
HA	Lektüre des zweiten Textabschnitts			*Lieutenant Gustl*, Reclam XL, S. 20–34

2.1 Einstiegsphase: »O, du lieber Augustin« / »Dummer August«

UG

Audiodatei (online)

VORLAGE 2a

➤ S. 17

VORLAGE 2b

➤ S. 17

Unterrichtsschritt. Den Schülerinnen und Schülern wird zum Einstieg das Lied »O, du lieber Augustin« vorgespielt (online z. B.: youtu.be/ol_yvHK3P3U). Sie verstehen den Text und erschließen, was Augustin im Lied alles zugestoßen ist. Dieses Wissen übertragen sie auf die Gustl-Figur und zeigen Gemeinsamkeiten und Unterschiede zwischen beiden auf. Zur Unterstützung dieses Vergleichs wird der Liedtext per Beamer präsentiert (VORLAGE 2a ***O, du lieber Augustin***). Damit einhergehend erläutert die Lehrkraft die möglichen Langformen des Kosenamens »Gustl«, um die Verbindung zum Namen »Augustin« herzustellen.

Leitfragen:
1. Beschreiben Sie, was Augustin im Lied alles erlebt.
2. Vergleichen Sie die Figur des Augustin aus dem Lied mit Lieutenant Gustl.
3. Beurteilen Sie die Gemeinsamkeiten und Unterschiede.

Alternative. Es wird zusätzlich zu dem auditiven oder stattdessen ein visueller Einstieg mit dem Bild des »Dummen Augusts« in VORLAGE 2b ***Die drei Fratellinis*** gewählt. Die Schüler beschreiben ihre Assoziationen zum Bild und erläutern, mit welchen Eigenschaften sie den dummen August verbinden. Sie vergleichen ihre Assoziationen mit der Figur Lieutenant Gustl und finden Gemeinsamkeiten und Unterschiede. Eventuell bietet es sich auch an, das Bild des »Dummen Augusts« zum Abschluss der Stunde zu zeigen und damit einen Endtransfer der zuvor gesicherten Inhalte zu vollziehen.

Leitfragen:
1. Beschreiben Sie das Bild der drei Clowns und erläutern Sie, welche Assoziationen sie mit dem »Dummen August« verbinden.
2. Vergleichen Sie die Eigenschaften des dummen Augusts mit denen des Lieutenant Gustl.

Erläuterungen. Zum Begriff »dummer August« und zum Lied »O, du lieber Augustin«: In Österreich und dem süddeutschen Raum ist die Abkürzung »Gustl« für die Namen August, Gustav und auch für die weibliche Auguste/a durchaus gebräuchlich. Wie die Langform in Schnitzlers Werk wäre, erfährt man an keiner Stelle, aber man kann an der Figurenzeichnung deutliche Anklänge an einen »dummen August« erkennen. Allein die Aussage des Bäckermeisters Habetswallner »Versteh'n Sie mich, Sie dummer Bub?« (15,33 f.) zeigt die große Nähe zu dem aus der Clownerie stammenden »dummen August«, dessen Wurzeln sich bis in die Antike zurückverfolgen lassen und der als trotteliger Clown auf der Zirkusbühne für törichtes Verhalten und unfreiwillige Unfälle zum Amüsement der Zuschauer sorgt (zur ersten Orientierung vgl. de.wikipedia.org/wiki/Dummer_August, Stand: 23. 5. 2018).

Bemerkenswert ist auch die offensichtliche Verbindung zwischen Lieutenant Gustl und dem Augustin aus dem wohl Ende des 18. Jahrhunderts entstandenen Volkslied »O, du lieber Augustin«. Dieses geht auf den Wiener Bänkelsänger Marx Augustin aus dem 17. Jahrhundert zurück, der, wie auch Gustl, den Frauen und dem Wein sehr zugetan gewesen sein soll. Legendär wurde dieser Bänkelsänger, als er der Sage nach volltrunken und tief schlafend als Pesttoter betrachtet und in ein Massengrab vor den Toren Wiens geworfen wurde. Erst am nächsten Tag wurde er aus der tödlichen Umgebung befreit und konnte danach noch viele Jahre als nun weit bekannter »wiederauferstandener« Bänkelsänger seinem Beruf nachgehen (vgl.www.mein-oesterreich.info/persoenlichkeiten/augustin.htm und de.wikipedia.org/wiki/Marx_Augustin, Stand: 23.5.2018). Hier drängen sich deutlich die Parallelen zu Lieutenant Gustl auf, der ebenfalls über Nacht dem Tode ganz nah war und erst am Morgen von diesem befreit wurde. Erst recht trifft dies zu, wenn man prägnante Liedverse betrachtet, wie z. B. »o, du lieber Augustin, / alles ist hin. / Geld ist weg, Mäd'l ist weg, / alles weg, alles weg,«, »Rock ist weg, Stock ist weg, / Augustin liegt im Dreck« oder »Augustin, Augustin, / leg nur ins Grab dich hin!«. Viele dieser Verse lassen sich auf Gustl übertragen, der durch die Entehrung des Bäckermeisters Gefahr läuft, seinen Rock, also die Militäruniform (vgl. 12,30), abgeben zu müssen, einen großen Geldbetrag im Spiel verloren hat und von seiner Geliebten immer wieder vertröstet wird und letztlich, wie oben bereits erwähnt, dem Tod in der in der Novelle beschriebenen Nacht ganz nah kommt.

VORLAGE 2a

O, du lieber Augustin

(Volkslied Wien, um 1800)

1. O, du lieber Augustin,
Augustin, Augustin,
o, du lieber Augustin,
alles ist hin.
Geld ist weg, Mäd'l ist weg,
alles weg, alles weg,
o, du lieber Augustin,
alles ist hin.

2. O, du lieber Augustin,
Augustin, Augustin,
o, du lieber Augustin,
alles ist hin.
Rock ist weg, Stock ist weg,
Augustin liegt im Dreck,
o, du lieber Augustin,
alles ist hin.

3. O, du lieber Augustin,
Augustin, Augustin,
o, du lieber Augustin,
alles ist hin.
Und selbst das reiche Wien,
hin ist's wie Augustin;
weint mit mir im gleichen Sinn,
alles ist hin.

4. O, du lieber Augustin,
Augustin, Augustin,
o, du lieber Augustin,
alles ist hin.
Jeder Tag war ein Fest,
und was jetzt? Pest, die Pest!
Nur ein groß Leichenfest,
das ist der Rest.

5. O, du lieber Augustin,
Augustin, Augustin,
o, du lieber Augustin,
alles ist hin.
Augustin, Augustin,
leg nur ins Grab dich hin!
O, du lieber Augustin,
alles ist hin.

Die schönsten deutschen Volkslieder. Hrsg. von Barbara Mohn und Dagmar Munck. Stuttgart: Carus Verlag / Reclam, 2010. S. 96.

VORLAGE 2b

Die drei Fratellinis: Weißclown (Mitte) und zwei dumme Augusts, 1932. – Bundesarchiv, Bild 102-00421A / CC-BY-SA 3.0

2.2 Charakterisierung Gustls in Standbildern

PA / GA

ARBEITSBLATT 2
➤ S. 22

Unterrichtsschritt. Zunächst wird im ARBEITSBLATT 2 ***Ein Standbild Lieutenant Gustls bauen*** eine Kurzinformation gegeben, was man sich unter der szenischen Interpretation »Standbildbau« vorstellen kann. Die Schülerinnen und Schüler verstehen die Definition und wenden diese in ihrem eigenen Standbild zur Figur Lieutenant Gustls an. Dadurch versetzen sie sich intensiv in die Rolle Gustls, erkennen dessen Eigenheiten und charakterisieren ihn bereits in der Partnerarbeit in vielfältiger Weise. Indem sie sich gegenseitig in Kleingruppen ihre Ergebnisse präsentieren, verbalisieren sie ihre eigenen Vorstellungen der Figur und vergleichen diese mit denen anderer. Am Ende dieses Unterrichtsschritts kommen sie zu einem verbesserten und differenziert beurteilten Standbild Gustls und können dieses vor der Klasse präsentieren.

Leitfragen:
1. Charakterisieren Sie Lieutenant Gustl anhand des Textes Reclam XL, S. 7–20, mündlich.
2. Bauen Sie mit Ihrem Partner ein Standbild zur Figur Lieutenant Gustl, in dem sie dessen Charakterzüge möglichst treffend darstellen.
3. Vergleichen Sie das Standbild mit dem eines anderen Teams.

Alternative. Sollte mit der Lerngruppe der Bau von Standbildern nicht möglich oder nicht erwünscht sein, kann die Lehrkraft einen Erschließungsauftrag an die Schülerinnen und Schüler geben. Dabei sollen in Partnerarbeit der Text *Lieutenant Gustl*, Reclam XL, S. 7–20, ausgewertet und Textstellen markiert werden, in denen charakteristische Eigenschaften Gustls deutlich werden. Wenn dieses Vorgehen gewählt wird, werden in Unterrichtsschritt 2.3 die Einzelergebnisse im Unterrichtsgespräch gesammelt und ebenfalls in ein umfassendes Tafelbild eingearbeitet.

2.3 Präsentation der Standbilder mit Charakterisierung Lieutenant Gustls

UG

TAFELBILD 2
(Teil 1)
➤ S. 19

Unterrichtsschritt. Eine Gruppe präsentiert vor der Klasse ihr Standbild, anhand dessen nun eine umfassende Charakterisierung Lieutenant Gustls vorgenommen wird. Die betrachtenden Schülerinnen und Schüler fassen die Merkmale konkret in Worte, die sie aus der Gestik und Mimik Gustls herausarbeiten. Darüber hinaus werden diese Feststellungen noch mit konkreten Textstellen belegt. Sämtliche Ergebnisse werden im TAFELBILD 2 festgehalten und gesichert.

Erläuterungen. Die Lehrkraft wählt ein Schülerteam aus, das sein Standbild vor der Klasse präsentiert. Hier ist es wichtig, dass die Lehrkraft das folgende Unterrichtsgespräch zielführend anleitet, damit von Seiten der Lerngruppe differenzierte Charakterdeutungen erfolgen können. Gegebenenfalls können die Schülerinnen und Schüler zu Beginn sagen, was ihnen an der szenischen Interpretation besonders gefällt oder weniger zusagt. Auch könnten einzelne Schülerinnen und Schüler direkt am Standbild Verbesserungsvorschläge ausprobieren. Die Lehrkraft sollte in diesem Fall immer versuchen, im Zusammenspiel mit der Klasse zu artikulieren, welche charakterlichen Veränderungen sich durch die jeweilige Verbesserung ergeben haben.

Nach dieser fakultativen Einstiegsphase kommt es zu einer konkreten Deutung der Charaktereigenschaften Gustls. Hier bittet die Lehrkraft die Klasse darum, die Charakterzüge in konkrete eigene Worte, nach Möglichkeit in Adjektive, zu fassen. Darüber hinaus soll die jeweilige Charakterdeutung knapp an Textstellen belegt werden. Bei Unstimmigkeiten bezüglich eines Merkmals sollen Pro und Kontra abgewogen und schließlich zielführend eine Lösung oder ein Kompromiss im Unterrichtsgespräch gefunden werden. Auf jeden Fall soll mindestens ein weiteres Standbild danach in gleicher Weise erschlossen werden, um eine differenziertere Charakterstudie zu erhalten und gleichzeitig die Mühe der jeweiligen Teams im Unterrichtsschritt 2.2 zu honorieren. Alternativ ist auch das Abfotografieren der einzelnen Standbilder möglich und deren anschließender direkter Vergleich am PC mit Hilfe des Beamers. Am Ende der Standbildanalyse wird von der Lehrkraft bewusst gefragt, ob die Schülerinnen und Schüler in der eigenen Lektüre und Untersuchung noch weitere Charakterzüge Gustls festgestellt haben, die anhand der szenischen Interpretation nicht gefunden werden konnten. Diese sollten mit konkreten Textstellen belegt werden.

Textbelege zu den Charakterisierungen:

- stolz: z. B. 12,29 ff.
- standesbewusst: z. B. 14,21 ff.
- ungebildet: z. B. 7,7 ff.
- sexuell interessiert: z. B. 10,14 ff. oder 13,12 ff.
- ungestüm: z. B. 15,1 ff.
- aggressiv: z. B. 8,28 ff.
- spielsüchtig: z. B. 9,30 ff.
- antisemitisch: z. B. 9,12 ff.
- unsicher: z. B. 17,16 f.
- Weitere Textbelege und Charakterisierungsmöglichkeiten: siehe Sachanalyse, S. 14 f.
- Das Alter, 23 bis 24 Jahre, lässt sich erst anhand des Textes 25,25 ff. erschließen und kann einfach im Lehrervortrag angegeben werden.

Zum Abschluss werden aus dem Wissen der Schüler heraus und ergänzt durch Lehrervortrag äußere Merkmale Gustls im Tafelbild integriert. Diese ›umrahmen‹ seine innere Charakterisierung.

Leitfragen:

1. Fassen Sie die im Standbild erkennbaren Charakterzüge Gustls in eigene Worte.
2. Vergleichen Sie verschiedene Standbilder miteinander. Benennen Sie deren Unterschiede und stellen Sie dar, welche weiteren Charakterzüge Gustls dadurch offensichtlich werden.
3. Beurteilen Sie, welche Charaktereigenschaften Gustls in den Standbildern nicht deutlich herausgearbeitet werden konnten und belegen Sie diese an konkreten Textstellen.
4. Skizzieren Sie die äußeren Merkmale Lieutenant Gustls, die sein Inneres bedingen.

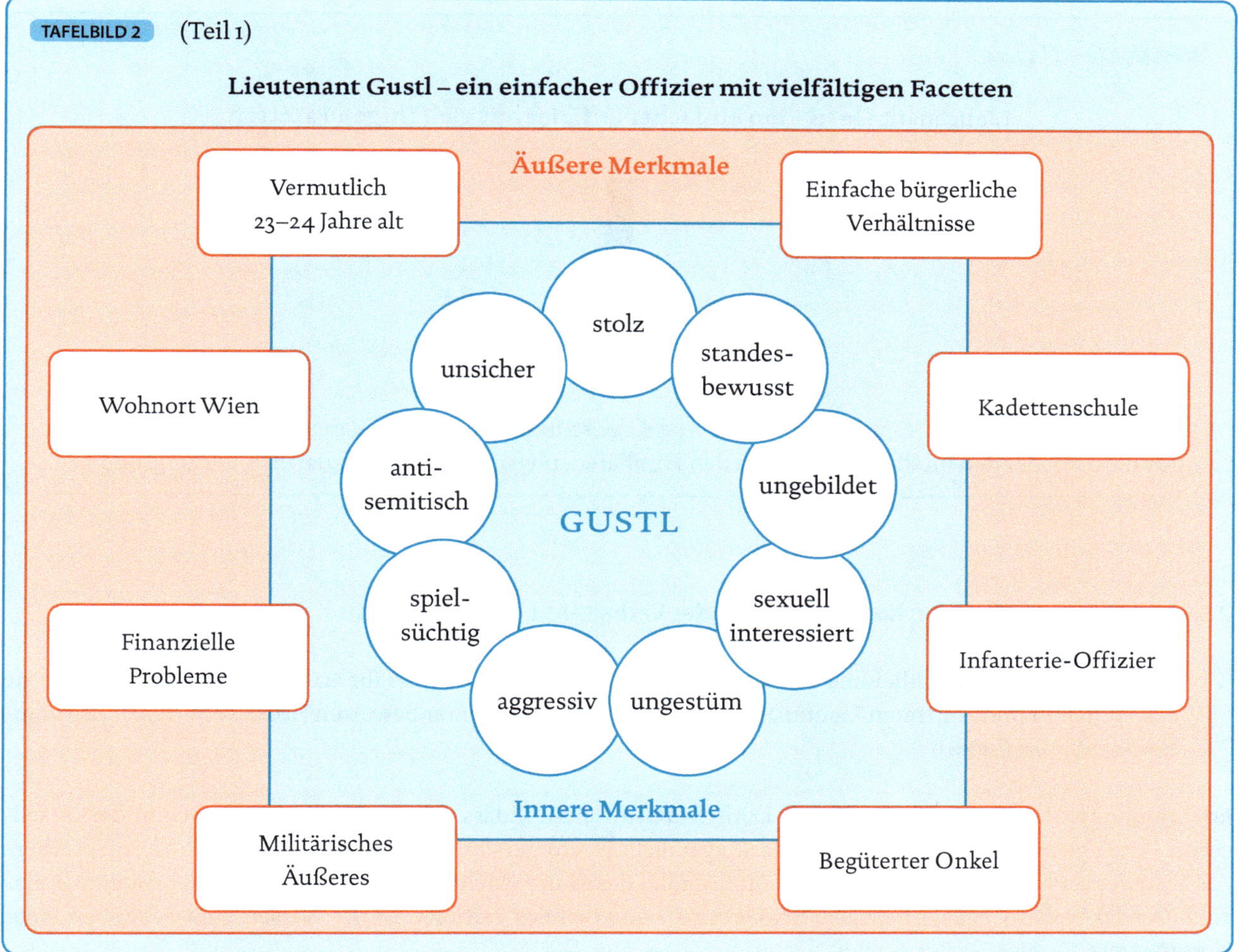

2.4 Vertiefende Beurteilung der Figur Gustl

PA / UG

TAFELBILD 2 (Teil 2) ➤ S. 20
VORLAGE 2c ➤ S. 20

Unterrichtsschritt. Die Beurteilung des Protagonisten soll nun vertieft werden. In Partnerarbeit anhand der VORLAGE 2c ***Arbeitsaufträge*** erkennen die Schülerinnen und Schüler, dass durch die Kombination aus dem militärischen Rang und der Koseform »Gustl« bereits im Titel eine Abwertung der Figur erfolgt und dass die Beschimpfung Gustls als »dummer Bub« durch den Bäckermeister eigentlich den Tatsachen entspricht und in vielen seiner Charakterzüge und Handlungen zum Vorschein kommt. Im Unterrichtsgespräch sammeln die Schülerinnen und Schüler diese Punkte und äußern ihre eigenen Beurteilungen. Die Ergebnisse werden im TAFELBILD 2 (Teil 2) gesichert.

Erläuterungen. Die Verbindung des respektheischenden Offizierstitels mit der Koseform »Gustl« hat eine komische Wirkung. In Verbindung mit der Titulierung als »dummer Bub« ergibt sich das Bild eines eher törichten, auf militärische Etikette und Wertvorstellungen Wert legenden jungen Mannes, der in seiner geistigen Entwicklung noch nicht die Reife für ein höheres Offiziersamt besitzt.

VORLAGE 2c

Arbeitsaufträge

1. Beurteilen Sie, welche Folgerungen sich aus der Titelgebung *Lieutenant Gustl* für die Handlung und für die Figur Gustls selbst ableiten lassen.
2. Diskutieren Sie, ob der Bäckermeister recht hat, wenn er Lieutenant Gustl als »dumme[n] Bub« (15,34) bezeichnet.
3. Bewerten Sie Gustls Charakter und dessen Handlungen.

TAFELBILD 2 (Teil 2)

Lieutenant Gustl – ein einfacher Offizier mit vielfältigen Facetten

[…]

»Mehr Schein als Sein«

Gustl als »dummer Bub« (15,34), der sich auf Grundlage seines militärischen Ranges Standesallüren leistet, für die er weder den intellektuellen noch den familiären, physischen oder finanziellen Hintergrund hat

2.5 Vertiefung und Transfer: Kommentierung des Verhaltens Lieutenant Gustls (fakultativ)

EA

VORLAGE 2d ➤ S. 21

Unterrichtsschritt. Abschließend vertiefen die Schülerinnen und Schüler ihr erworbenes Wissen, indem sie das Verhalten und Auftreten Lieutenant Gustls in einem Kommentar bewerten (VORLAGE 2d ***Einen Zeitungskommentar verfassen***).

Erläuterungen. In diesem sollen sie auch kritisch darauf blicken, dass untere Offiziersränge sich in der Gesellschaft Privilegien herausnehmen, die in der Regel nicht ihrem persönlichen oder familiären Stand entsprechen. Als Transfer verknüpfen die Schülerinnen und Schüler das Motiv »Mehr Schein als Sein« mit einer anderen literarischen oder realen Gegebenheit. Die Schülerinnen und Schüler vertiefen so ihr Wissen zum Schreiben eines Kommentars.

VORLAGE 2d

Einen Zeitungskommentar verfassen

Stellen Sie sich vor, das Gespräch zwischen Lieutenant Gustl und dem Bäckermeister Habetswallner ist öffentlich bekannt geworden.

1. Verfassen Sie einen Kommentar für eine Wiener Tageszeitung, in dem Sie das Verhalten Lieutenant Gustls und des Bäckermeisters Habetswallner bewerten.
2. Vergleichen Sie unter dem Stichwort »Mehr Schein als Sein« das Auftreten Gustls mit einer anderen Person oder Situation (real oder fiktiv) Ihrer Wahl.

Hausaufgabe

Vorbereitende Lektüre von *Lieutenant Gustl*, Reclam XL, S. 20–34.

Ein Standbild Lieutenant Gustls bauen

Der Bau eines Standbilds

Je nach Arbeitsauftrag schlüpfen beim Standbildbau ein oder mehrere Schüler in die Rolle einer literarischen Figur und werden von einem Außenstehenden so geformt, dass sie charakteristische Wesenszüge der literarischen Vorlage besitzen. In einem derartigen Standbild wird eine Figur oder eine Szene nicht unbedingt in einer tatsächlich in der Handlung vorkommenden Situation gezeigt, sondern es soll eine umfassende Studie des Charakters einer Figur bzw. des Verhältnisses zwischen mehreren Personen sein. Besonders wichtig ist, dass sehr genau auf eine durchdachte Gestik und Mimik geachtet wird. Es soll deutlich herauskommen, wie die Figur bzw. die Figuren fühlen, was sie denken und wie sie zu anderen Personen oder Situationen stehen.

Ein Gruppenmitglied übernimmt dabei jeweils die Regie und leitet die für das Standbild ausgewählten Schüler exakt an, welche Änderungen in Haltung, Gestik und Mimik vorgenommen werden müssen. Ist der Regisseur mit dem Standbild zufrieden, ruft er »Freeze«, was für das Standbild bedeutet, dass es sich nicht mehr bewegen darf.

Bearbeiten Sie folgende Aufgaben anhand des Textes *Lieutenant Gustl*, Reclam XL, S. 7–20.

1. Finden Sie im Text auffällige Charaktereigenschaften Gustls.
2. Bauen Sie mit Ihrem Banknachbarn ein Standbild, in dem Sie Lieutenant Gustl darstellen. Beachten Sie dabei die Informationen im obigen Kasten und Ihre Ergebnisse von Aufgabe 1.
3. Immer zwei Teams präsentieren ihr Standbild gegenseitig. Sprechen Sie über Gemeinsamkeiten und Unterschiede, erläutern Sie, was Ihnen besonders gut gefällt und wo es aus Ihrer Sicht Verbesserungsmöglichkeiten gibt.
4. Wählen Sie innerhalb der zwei Gruppen eines Ihrer beiden Standbilder aus und verbessern Sie dieses zu Ihrer Zufriedenheit.
5. Fotografieren Sie Ihr jeweiliges Standbild und vergleichen Sie im Klassenverband die verschiedenen Darstellungen Gustls am PC direkt nebeneinander. Stellen Sie dabei Unterschiede und Gemeinsamkeiten in der Präsentation fest und bewerten Sie deren jeweilige Folgen und Deutungsvarianten im Hinblick auf Gustls Charakter.

3 Nach innen schauen, nach außen erzählen – Der innere Monolog und die Konflikte im Werk

Sachanalyse

Schnitzlers Wahl, den inneren Monolog als Gestaltungsmittel herzunehmen, mag von Édouard Dujardin beeinflusst worden sein. *Lieutenant Gustl* wurde jedoch als erstes Beispiel einer solch konsequenten Verwendung dieser Gestaltungsweise in der deutschsprachigen Literatur deutlich bekannter als das Werk Dujardins. Die Schülerinnen und Schüler haben in Kapitel 1 verstärkt den Rahmenkonflikt betrachtet und erkennen neben dem bereits betrachteten Rahmenkonflikt auch den inneren Konflikt des Protagonisten. Die Form des inneren Monologs bedeutet, dass der Leser auf die Wahrnehmung der Hauptfigur Gustl angewiesen ist. Er muss sich objektive Gegebenheiten aus seinen subjektiven Projektionen, Assoziationen, Erinnerungen etc. erschließen. Zwar bieten einige interpersonale Situationen oder Dialoge, welche in den inneren Monolog mit eingebunden werden, dem Leser Unterstützung. Aber von entscheidender Bedeutung sind die subjektiven, zum Teil impulsiven Reaktionen des Lieutenants, um das Geschehen zu erfassen. Bildlich gesehen muss der Leser eine Brücke von Gustls Innenwelt zur Außenwelt überschreiten, da der Erzähler und die wahrnehmende Person im Werk eins sind und eine objektive, distanzierte Schilderung eines außenstehenden Beobachters nicht gegeben ist.

Dies ist für die Schülerinnen und Schüler aufgrund der Fülle an Informationen, welche aus dem inneren Monolog zu erschließen sind, nicht immer leicht. Schnitzler löst erzähltechnische Schwierigkeiten, indem er für den Leser wichtige Kenntnisse zu Ort, Zeit oder zu genannten Namen in den Monolog einbaut, damit dieser Sachverhalte oder Beziehungen zwischen Figuren einordnen kann. Grundsätzlich allerdings ist die Erzählerfigur Gustl so gestaltet, dass er als Monologisierender zum Beispiel nichts von der Erwartung eines Lesers weiß (er spricht ja nur zu sich selbst) und deshalb über Umwelt und Leben sinniert, ohne an Erwartungshaltungen seiner Zuhörer/Leser zu denken.

Ebenfalls Folge der ausschließlichen Verwendung des inneren Monologs im Werk ist die Handlungsarmut der Novelle. Es wird der (vor)bewusste Zustand des Protagonisten gespiegelt. Dies bedeutet, dass etwas in Sprache gefasst wird, das noch nicht ausgesprochen wurde. Auch Phasen eines nicht bewussten Zustands werden konsequent ausgeblendet: Von Gustls Schlaf auf der Bank im Prater zwischen Mitternacht (vgl. S. 30) und »vier Uhr früh« (S. 32) erfährt der Leser nichts (vgl. die Zäsur S. 32), er folgt vielmehr stets dem Selbstgespräch Gustls.

Im Vergleich zur ausschließlich wörtlichen Rede im Drama oder zur Erzählweise bei der auktorialen Ich- bzw. Er-Erzählung bietet der innere Monolog am deutlichsten die Wiedergabe der unbeeinflussten unmittelbaren Gefühle und Gedanken. Während man bei einer Umgestaltung der Handlung in eine Dramenszene dem Zuschauer nur wenige Informationen bieten könnte, erführen die Leser einer auktorialen Er-Erzählung aufgrund des Überblicks des allwissenden Erzählers weitere – vom Erzähler gefärbte – Details. Eine Ich-Erzählung hingegen gibt aufgrund der Tatsache, dass sie – in der Regel – rückblickend erzählt wird, Situation und Gefühle weitaus reflektierter wieder. Die Schülerinnen und Schüler sollen dies im Unterricht im Rahmen der Betrachtung der äußeren und der inneren Konflikte des Protagonisten differenziert erkennen.

Das Fehlen der Erzähldistanz erfordert, dass auch die formale Organisation des Textes im Unterrichtsgeschehen eine genaue Betrachtung erhält. Der Bewusstseinsstrom, der mit dem inneren Monolog verwoben wird, hält sich nicht zwingend an grammatikalische Regeln. Erzähltechnisch lässt Schnitzler bei Syntax, Interpunktion, Wortwahl und Lexik Besonderheiten einfließen, um die Identität von Sprecher und Gesprochenem deutlich werden zu lassen. Der Lieutenant verfügt nur über einen gewissen Vorrat an Satzbauvariationen. Militärsprache, Redensarten und eigener Jargon, zersplitterte Halbsätze, Wortspiele und bestimmte Stilmittel zeigen den inneren Konflikt, die Konfusion, die Gedankenströme und letztlich auch die Isolation Gustls, der in seiner Situation überfordert ist. An Variationen in der Sprache selbst, aber auch an der Wiederkehr von Leitmotiven und Themen, etwa stereotypen sexuellen Wünschen und Gewaltphantasien, lässt sich die Stimmungslage Gustls erkennen. Erinnerungen werden im Perfekt wiedergegeben.

Unterrichtsverlauf

Überblick. Die Schülerinnen und Schüler vertiefen ihre Kenntnisse über das Prinzip des inneren Monologs (vgl. 1. Stunde) und setzen sich intensiv mit den erzähltechnischen Schwierigkeiten auseinander. Im Vergleich zu anderen Erzählweisen erarbeiten sie Vor- und Nachteile des inneren Monologs für die Handlung sowie für die Darstellung von Gustls inneren Konflikten. Zudem analysieren sie stilistische Merkmale der Sprache Gustls. ! Verkürzter Verlauf: 3.1 -3.2 - 3.3 - 3.4 - 3.5

Phase	Thema	Sozialform	Kompetenzen / Lernziele	Materialien
Voraussetzungen: Textkenntnis S. 1–32; Kennzeichen des inneren Monologs (1.2)				
3.1	Kreative Umsetzung der Definition des inneren Monologs	EA / UG / LV	• Bereits erarbeitetes Wissen über den inneren Monolog ins Gedächtnis rufen und wiederholen • Kreative Erweiterung der bisherigen Definition des inneren Monologs • Interesse wecken	VORLAGE 3a ➤ S. 25 Video (online)
3.2	Erkennen des Rahmenkonflikts und des inneren Konflikts Gustls	LV / UG	• Den äußeren und inneren Konflikt der Handlung erkennen • Textverständnis überprüfen • Texterschließung einüben	TAFELBILD 3 (Teil 1) ➤ S. 26
3.3	Erzähltechniken untersuchen	PA / GA	• Verschiedene Erzähltechniken vergleichen • Erzähltechnik beurteilen • Texterschließung einüben • Vorteile des inneren Monologs für die Handlung herausarbeiten • Gedankentransfer	VORLAGE 3b ➤ S. 28 TAFELBILD 3 (Teil 2) ➤ S. 28
3.4	Erzähltechnische Schwierigkeiten und Leitmotive im inneren Monolog untersuchen	EA / UG	• Erzähltechnische Schwierigkeiten erkennen und untersuchen • Leitmotive erkennen und untersuchen • Zentrale Inhalte interpretieren	ARBEITSBLATT 3a ➤ S. 31
3.5	Sprachliche Analyse des inneren Monologs	GA / PA	• Sprachliches Analysieren üben • Zusammenhänge erkennen	ARBEITSBLATT 3b ➤ S. 32 TAFELBILD 3 (Teil 3) ➤ S. 30
3.6 **fakultativ**	Transfer: kreative Schreibaufträge	EA / PA	• Erschlossenes Wissen in einem neuen Rahmen anwenden • Kreativ an der Thematik weiterarbeiten • Inhalte wiederholen und festigen	ARBEITSBLATT 3c ➤ S. 33
HA	Lektüre des letzten Textabschnitts; ggf. Erarbeitung von ARBEITSBLATT 3d			*Lieutenant Gustl*, Reclam XL, S. 35–45

3.1 Kreative Umsetzung der Definition des inneren Monologs

EA / UG / LV

VORLAGE 3a ➤ S. 25 Video (online)

Unterrichtsschritt. Mit der Einstiegsübung (VORLAGE 3a ***Innerer Monolog*** mit Youtube-Video) aktivieren die Schülerinnen und Schüler ihr Vorwissen zum inneren Monolog (ggf. unter Rückgriff auf den fakultativen Unterrichtsschritt 1.2) und erfassen diesen mit Hilfe eines bildlichen Vergleichs. Sie gestalten somit ein vertieftes Verständnis des inneren Monologs und stellen unter Beweis, diese Erzählweise vom Grundsätzlichen her verstanden und verinnerlicht zu haben.

Erläuterungen. Falls auf den Unterrichtsschritt 1.2 verzichtet wurde, bietet es sich an, ihn im Vorfeld dieser Stunde als Hausaufgabe zu stellen. Die Hausaufgabe ist im Plenum vor der Einstiegsphase gemeinsam zu verbessern. So ist gewährleistet, dass die Schülerinnen und Schüler auf diese Unterrichtssequenz vorbereitet sind.

Als Einstieg wird zunächst das Bild aus VORLAGE 3a gezeigt, der Kopf von Homer Simpson auf einer Art Röntgenbild. Es handelt sich noch nicht um eine Darstellung des inneren Monologs, da man zwar in das Innere von Homer Simpson blicken kann, die Gedanken aber noch verborgen bleiben. Anschließend wird das 44 Sekunden dauernde Youtube-Video abgespielt, in welchem man Homer Simpson beobachten kann, wie er in verschiedenen Situationen in Gedanken abschweift und an belanglose Szenen denkt, während er äußerlich Aufmerksamkeit vortäuscht: youtu.be/I4uiEWnQe44. Das Video soll die Schülerinnen und Schüler humorvoll auf die Betrachtung des inneren Monologs einstellen und sie dazu animieren, das bisher Gelernte darüber im Unterrichtsgespräch kurz zu wiederholen. Der Röntgenblick der VORLAGE 3a wird durch das Video insofern erweitert, als es dem Zuschauer tatsächlich wie auf einer Leinwand im Kino möglich ist, Homer Simpsons Gedanken zu verfolgen.

Im Lehrervortrag wiederholt die Lehrkraft die schwierige Abgrenzung zum »stream of consciousness«, bei dem Gedanken so direkt wiedergegeben werden, wie sie ins Bewusstsein gelangen, während der innere Monolog eine ausformulierte Ansprache an sich selbst ist.

Anschließend sollen die Schülerinnen und Schüler – analog zum »Kopfkino« – einen weiteren bildlichen Vergleich für das Verhältnis zwischen Leser und innerem Monolog anstellen und diesen in Einzelarbeit zeichnen. Es ist zum Beispiel möglich, dass die Schülerinnen und Schüler an eine Brücke denken, die der Leser überschreitet, um von der Außenwelt in die Gedankenwelt einer Figur gelangen zu können. Zu diskutieren ist sicherlich auch, ob der Leser heimlich oder bewusst, also mit dem Wissen der Figur, in das Innere eben dieser schauen darf. So gäbe es beispielsweise einerseits die Möglichkeit, an einen »Tag der offenen Tür« in einem Museum zu denken, also an ein Bild mit offener Eingangstür und einem Hinweisschild. Es ist aber auch ein Nutzer eines Linienbusses ohne Fahrkarte denkbar, der heimlich in das Innere »schwarzfährt« und trotzdem die Vorzüge der Fahrt genießt. Der Kreativität der Schülerinnen und Schüler ist hier prinzipiell vorerst keine Grenze gesetzt. Besonders gute

VORLAGE 3a

Innerer Monolog

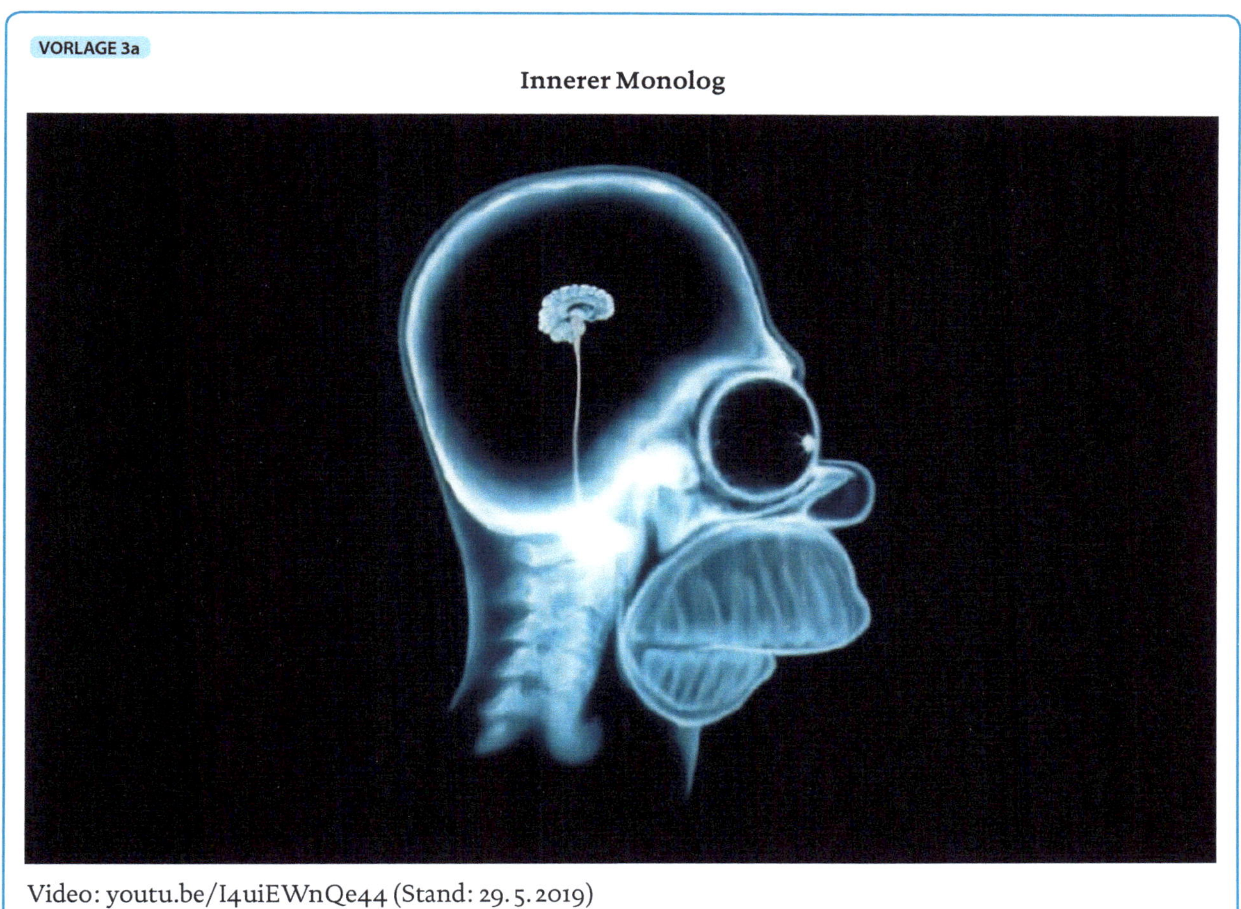

Video: youtu.be/I4uiEWnQe44 (Stand: 29. 5. 2019)

Zeichenfertigkeit erscheint nicht vonnöten. Die Lehrkraft muss allerdings selbstverständlich bei der gemeinsamen Besprechung gegebenenfalls lenkend tätig werden und einige Beiträge zur Diskussion stellen oder wieder eingrenzen. Aus Zeitgründen kann man auf das Zeichnen der Schülerinnen und Schüler gegebenenfalls auch verzichten und diesen Auftrag am Ende der Stunde als Hausaufgabe stellen.

Leitfragen:

1. Zum Bild: Stellen Sie mündlich einen Zusammenhang zwischen einem Röntgenbild und dem inneren Monolog her! Überlegen Sie, ob die Kriterien eines inneren Monologs mit diesem Bild bereits erfüllt sind!
2. Zum Video: Erläutern Sie, welche Differenzen zwischen dem äußerlich Sichtbaren und Homer Simpsons Gedanken feststellbar sind! Stellen Sie einen Zusammenhang zwischen dem Video und dem inneren Monolog her und diskutieren Sie, ob es ein Unterschied macht, ob Homer Simpson weiß, dass Zuschauer in seinen Kopf sehen können, oder ob er es nicht weiß!
3. Finden Sie einen weiteren bildlichen Vergleich, der analog zum Röntgenbild/Kopfkino das Verhältnis zwischen Leser und innerem Monolog beschreibt und zeichnen Sie diesen! Berücksichtigen Sie dabei Ihre bisherigen Kenntnisse über den inneren Monolog!

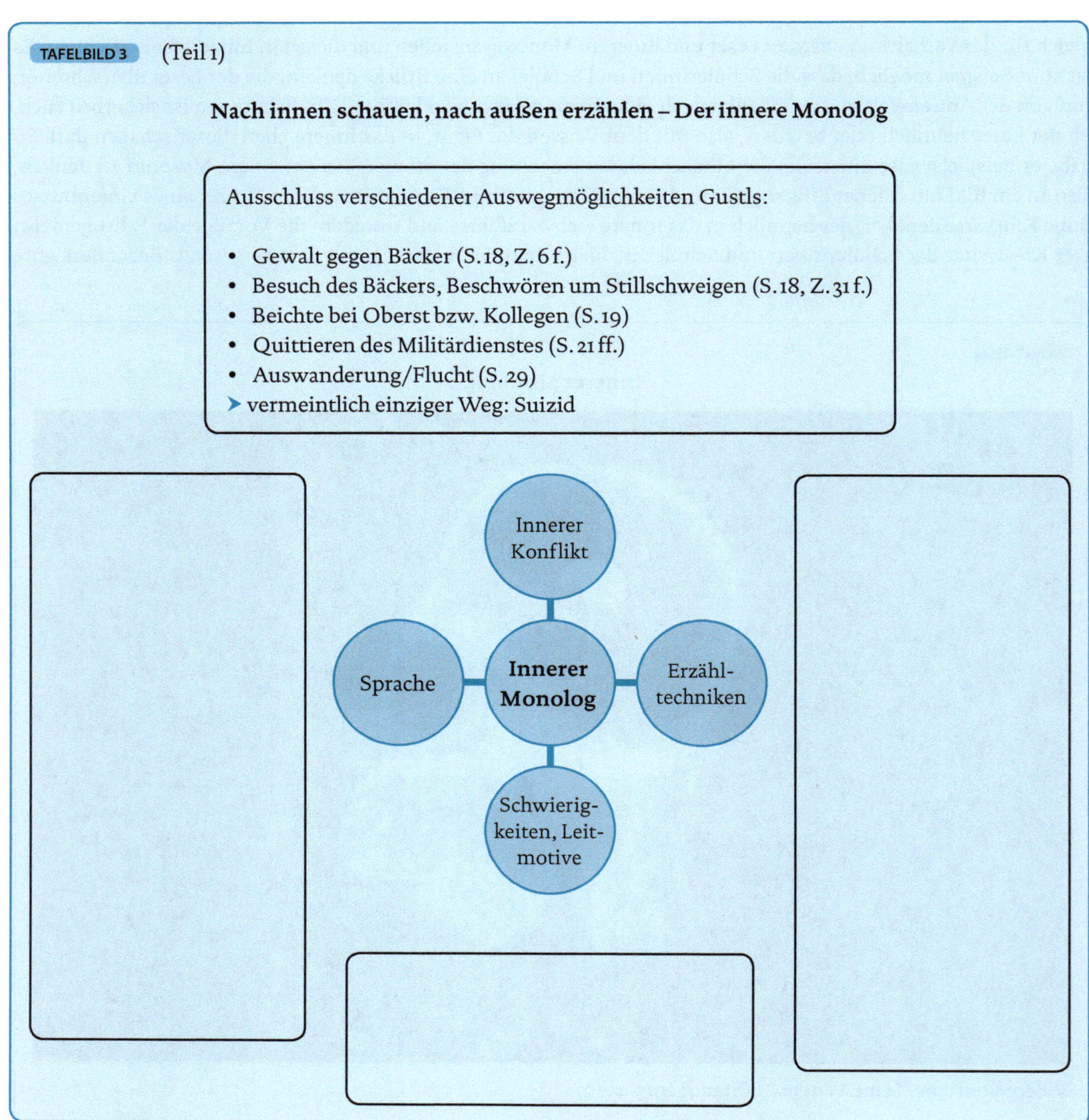

3.2 Erkennen des Rahmenkonflikts und des inneren Konflikts Gustls

Unterrichtsschritt. Die Schülerinnen und Schüler überprüfen im Unterrichtsgespräch ihr Textverständnis, indem sie über den Rahmenkonflikt und den inneren Konflikt Gustls sprechen. Sie festigen dabei ebenfalls grundsätzliche Fertigkeiten der Texterschließung. Die Aspekte des inneren Konflikts werden im TAFELBILD 3 (Teil 1) festgehalten.

LV / UG

TAFELBILD 3 (Teil 1) ➤ S. 26

Erläuterungen. Für das weitere Vorgehen ist es wichtig, zunächst das Textverständnis der Schülerinnen und Schüler bis S. 34 zu sichern. Im Unterrichtsgespräch, gegebenenfalls auch im Lehrervortrag, wird die Handlung bis zum Erreichen des Nordbahnhofs am frühen Morgen rekonstruiert. Den äußeren Konflikt zwischen dem Bäckermeister und Gustl haben die Schülerinnen und Schüler bereits in einer Vorstunde bzw. zu Beginn der Lektüre erkannt.

Der innere Konflikt wird bereits unmittelbar nach der Szene an der Garderobe (S. 16) deutlich. Die verletzte Ehre sowie die verhinderte Ehrennotwehr führen zu einer existenziellen Krise Gustls. Die Möglichkeit, den Bäckermeister mit Gewalt zum Schweigen zu bringen oder ihn im Rahmen eines persönlichen Besuchs um Stillschweigen zu bitten, verwirft Gustl, da das eine zu spät kommt, das andere zu unangenehm ist (S. 18) und beides mit seinem Ehrbegriff nicht in Einklang zu bringen ist. Eine Beichte beim Oberst oder bei Kollegen stellt für ihn keine Option dar, da sie auch einen Selbstmord als unausweichlich betrachten würden (S. 19). Das Quittieren des Militärdienstes lehnt er wegen Ehrverlust ab (S. 21 f.), eine Auswanderung oder Flucht traut er sich nicht zu (S. 29 ff.), der Suizid erscheint ihm als einziger Ausweg. Dieser innere Konflikt begleitet Gustl die Nacht hindurch. Selbst nach einem kurzen Schlaf kann er ihn nicht abschütteln oder für sich lösen (S. 32 ff.).

3.3 Erzähltechniken untersuchen

Unterrichtsschritt. Die Schülerinnen und Schüler bearbeiten die Arbeitsaufträge von VORLAGE 3b ***Zur Erzähltechnik*** und vergleichen und beurteilen verschiedene Erzähl- und Darstellungstechniken. Sie arbeiten auf diese Weise Vorteile des inneren Monologs für die Handlung von *Lieutenant Gustl* heraus und verstehen, weshalb Arthur Schnitzler diese Erzählweise für sein Werk gewählt hat. Das Ergebnis wird zusammenfassend im TAFELBILD 3 (Teil 2) aufgenommen.

PA / GA

VORLAGE 3b ➤ S. 28

TAFELBILD 3 (Teil 2) ➤ S. 28

Erläuterungen. Zunächst soll sich die Lerngruppe vorstellen, es gäbe eine kurze Verfilmung der Szene von Gustls Verlassen des Konzerthauses (S. 17–19). Diese Verfilmung soll aber auch blindenfreundlich vertont werden bzw. Blinden durch entsprechende Kommentare eine Orientierung über das Geschehen geben (VORLAGE 3b, Arbeitsauftrag 1). Gruppenweise lesen die Kursteilnehmer/-innen selbstgewählte geeignete Sätze aus S. 17–19 und ihren dazugehörigen Vorschlag vor, wie sie das Verhalten Gustls für blinde Zuseher deutlich machen würden. So wäre es denkbar, dass Blinde beim Schlagen der Uhr (19,31 f.) folgende Information erhalten: »Gustl schaut nach oben, er lauscht einer Turmuhr, die elf Uhr anschlägt, anschließend geht er weiter.« Mit Hilfe dieser Übung bemerken die Schülerinnen und Schüler die gewisse Handlungsarmut, die ohne den inneren Monolog deutlich zum Vorschein kommt: Für Außenstehende geschieht wenig.

Die Lerngruppe wiederholt danach die bekannten Erzähl- und Darstellungsweisen und versucht, aus der gleichen Stelle eine Dramenszene, eine Ich-Erzählung und eine Er-Erzählung zu gestalten.

Die Schülerinnen und Schüler formen die Passage S. 17–19 in eine Dramenszene um (VORLAGE 3b, Arbeitsauftrag 2), indem aus dem Kurs eine freiwillige Person vor die Tafel kommt und Gustl nachspielt. Vorgelesene Sätze werden von der Deutschklasse per Zuruf mit Regieanweisungen versehen, welche per Improvisationstheater vom freiwilligen Darsteller vorne spontan eingebaut werden müssen. Die Schülerinnen und Schüler kommen zu dem Ergebnis, dass es trotz der Regieanweisungen für die Zuschauer schwierig bis unmöglich ist, Gustls Verhalten nachzuvollziehen.

Die weitere Umarbeitung der Textpassage in eine Ich-Erzählung und eine auktoriale Er-Erzählung (VORLAGE 3b, Arbeitsauftrag 3) läuft individuell in Partner- oder Gruppenarbeit. Herausgearbeitet werden soll, dass die Ich-Erzählung zwar dem inneren Monolog ähnelt. Da diese aber rückblickend erzählt wird, schildert der Ich-Erzähler seine Gefühle reflektierter. Bei dem auktorialen Erzähler ist festzuhalten, dass dieser die Situation Gustls (wie auch aller anderen Figuren) völlig überblickt und aufgrund entsprechender Erklärungen den inneren Konflikt für den Leser zu deutlich filtert.

Es bleibt als Ergebnis der Diskussion (VORLAGE 3b , Arbeitsauftrag 4), dass der innere Monolog die einzige Möglichkeit darstellt, Gustls unmittelbare Gefühle und Gedanken lückenlos sowie unmittelbar darzustellen.

VORLAGE 3b

Zur Erzähltechnik

1. Verfassen Sie in Partnerarbeit zu S. 17–19 für eine blindenfreundliche Verfilmung Sprechertexte, die blinden Zusehern eine Orientierung über das Geschehen geben! Suchen Sie sich dazu passende Szenen aus! Diskutieren Sie anschließend im Plenum, welche Schwierigkeiten auftraten!
2. Formen Sie in Gruppenarbeit Passagen aus S. 17–19 in eine Dramenszene um, indem Sie eine freiwillige Person bitten, Lieutenant Gustl nachzuspielen. Sie selbst fungieren als Regisseur/-in, indem Sie Sätze vorlesen und mit passenden Regieanweisungen versehen, welche spontan von dem Schauspieler bzw. der Schauspielerin umgesetzt werden müssen!
3. Wandeln Sie in Partnerarbeit Passagen von S. 18 in eine Ich-Erzählung bzw. in eine Erzählung mit Hilfe eines auktorialen Erzählers um!
4. Diskutieren Sie im Kurs über die Vorteile der Verwendung des inneren Monologs beim *Lieutenant Gustl*!

TAFELBILD 3 (Teil 2)

Nach innen schauen, nach außen erzählen – Der innere Monolog

[...]

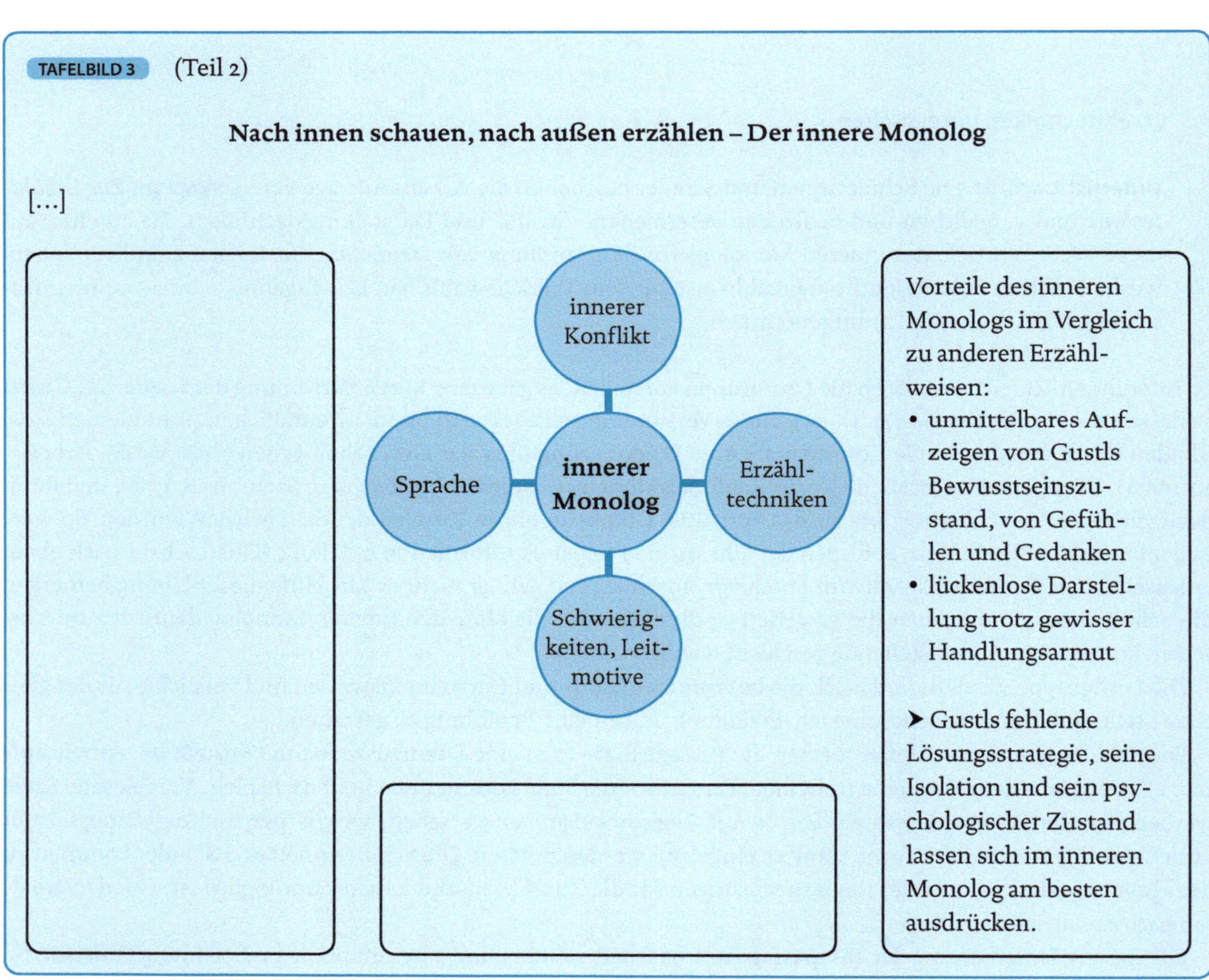

3.4 Erzähltechnische Schwierigkeiten und Leitmotive im inneren Monolog untersuchen

Unterrichtsschritt. Die Schülerinnen und Schüler erkennen und untersuchen erzähltechnische Schwierigkeiten sowie Leitmotive im inneren Monolog, indem sie in Einzelarbeit das ARBEITSBLATT 3a ***Erzähltechnische Schwierigkeiten und Leitmotive*** bearbeiten. Die Ergebnisse der Einzelarbeit werden im Plenum diskutiert und gegebenenfalls vervollständigt. Es bietet sich an, im Anschluss daran eine Diskussion anzuregen, in welcher die Schülerinnen und Schüler einerseits besprechen, inwieweit es Schnitzler gelungen ist, die erzähltechnischen Hürden zu überwinden, und andererseits die Funktion der Motive »Säbel« und »Augen« klären. (Im Tafelbild kann ein Hinweis auf das ARBEITSBLATT 3a ergänzt werden, das die Ergebnisse sichert.)

EA / UG

ARBEITSBLATT 3a
➤ S. 31
Lösungshinweise
➤ S. 104 f.

Erläuterungen. Exemplarisch für die erzähltechnischen Schwierigkeiten formuliert das ARBEITSBLATT 3a drei Thesen zu unvollständigen Informationen zu Ort, Zeit, Personen, zur Handlungsarmut und zur Isolierung der Ich-Figur. Bei der letzten These sollte im Unterrichtsgespräch auf eine orthographische Besonderheit des Textes hingewiesen werden: Wörtliche Rede Gustls steht in normalen doppelten Anführungszeichen, wörtliche Rede einer anderen Figur, etwa des Bäckermeisters, in doppelten (z. B. »»Geduld, Geduld!««, 15,1).

Ein nächster Schritt ist die Betrachtung von Leitmotiven im inneren Monolog. Immer wiederkehrende Themen wie die Familie, das Militär, die Erotik werden durch Motive verflochten. In der vorliegenden Stunde sollen der Säbel als Status- und Phallussymbol und das Augenmotiv betrachtet werden. Ersteres verknüpft Militär, sozialen Status und die Erotik. Das zweite wird nicht nur im Konzertsaal bereits verwendet, um erobernd Augenkontakt mit Frauen aufzunehmen. Es entfaltet vielmehr seine Bedeutung vor allem im Prater während der immer düster werdenden Stimmung Gustls im Rahmen von Erinnerungen an tote oder schwer verletzte Kameraden. In der Dunkelheit unmittelbar nach dem Aufwachen Gustls findet es schließlich einen »Tiefpunkt«, da dieser dort nichts sieht (32,15) und sich erst wieder ausreichend Helligkeit durch Morgendämmerung einstellt, als er schließlich den Nordbahnhof erreicht (34,26).

3.5 Sprachliche Analyse des inneren Monologs

Unterrichtsschritt. Die Schülerinnen und Schüler üben sprachliches Analysieren und erkennen Zusammenhänge, indem sie stilistische Merkmale der Sprache Gustls betrachten und in Bezug zu innerem Monolog bzw. dem inneren Konflikt des Protagonisten setzen. Dazu bearbeiten sie das ARBEITSBLATT 3b ***Sprachliche Besonderheiten des inneren Monologs*** in Gruppen- bzw. arbeitsteiliger Partnerarbeit. Die Ergebnisse werden im Unterrichtsgespräch diskutiert und im TAFELBILD 3 (Teil 3) festgehalten.

GA / PA

ARBEITSBLATT 3b
➤ S. 32
TAFELBILD 3
(Teil 3)
➤ S. 30

Erläuterungen. Um das Vor- und Halbbewusste zur Sprache kommen zu lassen, dekonstruiert Schnitzler im inneren Monolog Syntax und Lexik.

Die Schülerinnen und Schüler sollen in Gruppenarbeit Gustls Sprache in den Abschnitten 17,14–20,4 und 23,16–25,4 analysieren. Eine Gruppe widmet sich der Syntax und der Interpunktion, die andere der Lexik. Innerhalb der beiden Gruppen soll eine interne Aufteilung erfolgen, um sicherzustellen, dass der Arbeitsaufwand in einem gleichen Maße verteilt wird. Ergebnisse für Beispiele aus der Militärsprache, aber auch das Weglassen von Endsilben, Verwendung von Dialekt, Jargon, sprichwörtliche Redensarten, Knappheit, kurze Sätze, Verkleinerungsformen, Ausrufe, Wortspiele (Hinweis an die Lehrkraft: hier bietet sich z. B. 24,11 ff. an) sowie Halbsätze und die unvollständige, abbrechende Syntax zeigen den inneren Konflikt des Protagonisten. Gegebenenfalls kann die Lehrkraft unterstützend tätig werden oder bei Unsicherheiten der Schülerinnen und Schüler eine Fehlanzeige in Einzelfällen akzeptieren. Auch Mehrfachnennungen/Überschneidungen sind möglich.

3.6 Transfer: kreative Schreibaufträge (fakultativ)

Unterrichtsschritt. Auf Grundlage der erarbeiteten Ergebnisse und des Tafelbilds wenden die Schülerinnen und Schüler mit Hilfe von kreativen Schreibaufträgen erschlossenes Wissen in einem neuen Rahmen an, indem sie das ARBEITSBLATT 3c ***Interview mit Arthur Schnitzler*** erarbeiten.

EA / PA

ARBEITSBLATT 3c
➤ S. 33

Alternative. Das ARBEITSBLATT 3c wird als Hausaufgabe erarbeitet und in der Folgestunde präsentiert.

TAFELBILD 3 (Teil 3)

Nach innen schauen, nach außen erzählen – Der innere Monolog

[…]

- Monolog im Präsens, Erinnerungen in der Vergangenheit / Perfekt
- Militärsprache, Redensarten, eigener Jargon, zersplitterte Halbsätze, Wortspiele, Stilmittel

➤ Syntax, Interpunktion und Lexik zeigen die Überforderung, die Konfusion und die unterschiedlichen Erregungszustände Gustls

innerer Konflikt

Sprache

innerer Monolog

Erzähltechniken

Schwierigkeiten, Leitmotive

siehe ARBEITSBLATT 3a

Vorteile des inneren Monologs im Vergleich zu anderen Erzählweisen:

- unmittelbares Aufzeigen von Gustls Bewusstseinszustand, von Gefühlen und Gedanken
- lückenlose Darstellung trotz gewisser Handlungsarmut

➤ Gustls fehlende Lösungsstrategie, seine Isolation und sein psychologischer Zustand lassen sich im inneren Monolog am besten ausdrücken.

Erläuterungen. Das ARBEITSBLATT 3c bietet zum Abschluss der Stunde verschiedene Arbeitsaufträge an, die bei knapper Zeit sowohl kurz im Unterrichtsgespräch mündlich angeschnitten werden können als auch bei mehr Zeit in Partnerarbeit oder (empfohlen) als Hausaufgabe in Einzelarbeit vorbereitet werden. Die Lehrkraft kann aus den unterschiedlichen Aufgaben auswählen. Da es zu vereinzelten Überschneidungen zwischen den Aufgaben kommt, erscheint ein Abarbeiten von allen Aufträgen an dieser Stelle nicht zwingend nötig.

Entfällt der Unterrichtsschritt, kann das ARBEITSBLATT 3c auch als Hausaufgabe erarbeitet werden. Dann ist eine Präsentation und Diskussion zu Beginn der Folgestunde sinnvoll.

Hausaufgabe

1. Vorbereitende Lektüre von *Lieutenant Gustl*, Reclam XL, S. 32–45 (Schluss).
2. Erarbeitung von ARBEITSBLATT 3b (fakultativ).

Erzähltechnische Schwierigkeiten und Leitmotive

1. Überprüfen Sie, ob Schnitzler erzähltechnische Schwierigkeiten, die der innere Monolog mit sich bringt, überwunden hat, indem Sie am Text folgende Thesen widerlegen!

These zu erzähltechnischen Schwierigkeiten	Untersuchung / Widerlegung am Text
»Der Leser kommt ohne äußere Erklärungen nicht zurecht. So kann er z. B. nicht wissen, wer die Personen sind, da sie im inneren Monolog nicht extra vorgestellt werden können!«	
»In der Novelle passiert nichts, sie ist handlungsarm.«	
»Gustl ist zwischen der Szene in der Garderobe und dem Wiedereintreffen im Kaffeehaus völlig auf sich alleine gestellt. Die andauernde Konfrontation mit seinen losen Gedankenfetzen macht die Lektüre für den Leser langatmig und schwierig.«	

2. Untersuchen Sie, inwieweit sich Gustls Gedanken immer wieder um gleiche Vorstellungen, Gedanken, Erinnerungen und Themen drehen, indem Sie stellvertretend überprüfen, an welchen Stellen in *Lieutenant Gustl*, Reclam XL, S. 17–34, der Säbel und die Augen erwähnt werden und welche Funktion diese beiden Motive übernehmen!

Motiv des Säbels	Motiv der Augen

ARBEITSBLATT 3b

Sprachliche Besonderheiten des inneren Monologs

Tragen Sie sprachliche Besonderheiten in *Lieutenant Gustl*, Reclam XL, 17,14–20,4 und 23,16–25,4, zusammen, indem Sie die folgende Merkmalliste mit Beispielbelegen (Zitat mit Seiten- und Zeilenangabe) füllen:

Syntax	Interpunktion	Lexik
Parataxen:	Auslassungspunkte:	Dialekt (Austriazismen):
Ellipsen		Diminutiva:
Ausrufe:		Militärischer Jargon:
Fragesätze:	Gedankenstriche:	Wortspiele:
Abbrechen inmitten eines Satzes (Anakoluth):		Redensart/Sprichwort:
Bewusstes Abbrechen inmitten der Rede (Aposiopese):		Hochsprachliche, aber auch umgangssprachliche Wendung:
Wiederholungen einzelner Wörter oder ganzer Sätze in identischer oder leicht abgewandelter Form (Repetition):		

Interview mit Arthur Schnitzler

1. Verfassen Sie ein humorvolles Interview mit Arthur Schnitzler! Versuchen Sie dabei als Journalist mit Hilfe Ihrer Kenntnisse zum inneren Monolog herauszufinden, warum Arthur Schnitzler den inneren Monolog als Gestaltungsmittel gewählt hat und welche erzähltechnischen Schwierigkeiten auftraten! Das Humorvolle an Ihrem Interview soll sein, dass Sie nicht nur entsprechende Fragen und Antworten entwickeln, sondern mit Hilfe des inneren Monologs sowohl die Gedanken des Fragestellers als auch die von Arthur Schnitzler aufzeigen!

2. Entscheiden Sie sich für eine Szene Ihrer Wahl aus *Faust I* und gestalten Sie diese so um, dass der innere Monolog vorherrschend erscheint!
3. Verfassen Sie einen inneren Monolog eines fiktiven Augenzeugen, der die Beleidigung durch den Bäckermeister an der Garderobe (S. 15 f.) mitbekommen hat und Gustl nun vom Konzertsaal (S. 16) bis zum Einschlafen auf der Praterbank (S. 32) heimlich folgt!
4. Stellen Sie sich vor, Schnitzlers *Lieutenant Gustl* würde heute neu auf einer Theaterbühne inszeniert. Während seines nächtlichen Rundgangs schreibt Gustl dabei einer Person seiner Wahl (z. B. seinem Psychologen, seiner Schwester) eine Whatsapp, bestehend lediglich aus Emoticons. Verfassen Sie eine solche Nachricht und überlegen Sie auch, wie die Antwort (ebenfalls nur mit Emoticons) aussehen könnte!

4 Wandelbarkeit? – Die Veränderung des Protagonisten

Sachanalyse

»Vom Saulus zum Paulus« ist ein geflügeltes Wort, um die extreme Wandlung eines Menschen zu beschreiben, der zunächst viele, oft verbrecherische Fehler begangen hat, diese aber einsieht, daraus seine Schlüsse zieht und einen neuen, besseren Weg einschlägt. Zugrunde liegt die biblische Geschichte des fanatischen Christenverfolgers Saulus, dem auf dem Weg nach Damaskus Jesus erschien. Saulus erblindete, ließ sich daraufhin in Damaskus taufen und erlangte dadurch sein Augenlicht zurück. Zum christlichen Glauben bekehrt, wurde er zu dem bekanntesten frühchristlichen Missionar: Paulus (vgl. Apostelgeschichte 22,4–21). Dieser steht sinnbildlich für die Extreme menschlicher Existenz, in der sich Schuld und Sühne oder Gewalt und Gnade gegenüberstehen. Paulus selbst fasst das Ergebnis seiner Läuterung in folgenden Worten zusammen: »Nun aber bleiben Glaube, Hoffnung, Liebe, diese drei; aber die Liebe ist die größte unter ihnen« (1. Korinther 13,13).

Schnitzler hat *Lieutenant Gustl* in struktureller Parallelität zum Damaskuserlebnis des Paulus angelegt. Ein erster versteckter Hinweis ist im Oratorium zu finden, dem Gustl zu Beginn beiwohnt: Am 4. April 1900, dem Handlungstag der Novelle, führte der Evangelische Singverein im Wiener Musiksaal *Paulus. Oratorium nach Worten der heiligen Schrift* von Felix Mendelssohn Bartholdy auf, das genau diese Bekehrung zum Inhalt hat. Nachdem Lieutenant Gustl diesem Oratorium beigewohnt hat, hat er die Möglichkeit, die biblische Handlung nachzuvollziehen. Er könnte sich sozusagen selbst auf den Weg der Läuterung begeben, aus seinen Fehlern lernen und als »besserer« Mensch seinen Lebensweg fortsetzen.

Die von Schnitzler intendierten Parallelen sind offensichtlich. Während Saulus zunächst der glühendste Verfolger der Christen ist, der die Anhänger von Jesus als Gotteslästerer ansieht, nimmt Gustl die Rolle des glühenden Verfechters der Offiziersehre ein. Wer etwas gegen diese sagt, wird von dem Lieutenant auf dieselbe Stufe gestellt wie 2000 Jahre zuvor die angeblichen christlichen Gotteslästerer und soll dafür mit seinem Leben bezahlen. Die Duellforderung an den Doktor ist hierfür ein Beleg. Doch wie Saulus in der Begegnung mit Jesus erhält auch Gustl in dem entscheidenden Zusammenstoß mit dem Bäckermeister Habetswallner die Chance, sich auf einen neuen Weg zu begeben. Saulus erblindet durch diese Begegnung zeitweilig, Gustl erblindet nicht physisch, aber psychisch: Blind vor Wut und Verzweiflung irrt er durch Wien und denkt dabei unterschiedlichste Möglichkeiten durch, wie er auf diese Begegnung mit dem Bäckermeister reagieren könnte. Saulus' Weg nach Damaskus dauerte drei Tage und Nächte, in denen er nichts aß und trank, Gustl nahm sich dafür hingegen nur eine Nacht, bis er in der Früh im Kaffeehaus sein einziges und scheinbar letztes Getränk vor seinem Selbstmord, eine Melange mit Haut, einnehmen möchte. In der biblischen Geschichte kommt der von Gott gesandte Hananias, der Saulus von seiner christlichen Vorbestimmung berichtet und ihn schließlich tauft. Bei Gustl kommt der gesprächige Kellner, der dem Lieutenant die schier unglaubliche Nachricht vom Ableben des Bäckermeisters erzählt. Dieses abwegige, fast schon komödienhafte Ende bedient sich des Stilmittels des Deus ex machina, also eines plötzlich, ohne Zusammenhang und Vorahnung eintretenden Ereignisses, das die Lösung des Konflikts bewirkt. Der dramaturgische »Gott aus der (Theater-)Maschine« böte Gustl die Möglichkeit, sein Leben komplett zu ändern und aus seinen Fehlern zu lernen. Doch hier endet die Parallele zwischen Paulus und Gustl, denn während der Erstere seinen christlichen Auftrag annimmt, lernt der Zweitere überhaupt nichts aus dieser Erscheinung und freut sich fast schon wie ein kleines Kind auf das bevorstehende Duell mit dem Doktor, indem er mit dem legendären Satz »Dich hau' ich zu Krenfleisch!« (45,24 f.) seinen inneren Monolog beendet. Gustl wird durch das »Deus ex machina«-Mittel die Möglichkeit für ein neues Leben gegeben, eine Bekehrung zu einem besseren Menschen abseits der überbordenden Aggression und eines scheinheiligen Ehrbegriffs. Im Gegensatz zu Paulus nutzt er diese Chance aber nicht, sondern bleibt uneinsichtig und ist auf dem Weg, dieselben Fehler wie zuvor zu wiederholen, obwohl ihm während der Nacht sogar richtige und zielführende Gedanken gekommen sind. Es ergibt sich das Bild eines Mannes, der auf Grund eigener und fremder (v. a. militärischer) Sozialisation sich gegen das Richtige entscheidet.

Unterrichtsverlauf

Überblick. In dieser Unterrichtsstunde werden die charakterlichen Veränderungen bzw. dauerhaften Makel Gustls während der Nacht näher betrachtet und Möglichkeiten für eine Besserung bzw. Rückfälle in frühere Verhaltensweisen erkannt. Im auditiven Einstieg mit Felix Mendelssohn Bartholdys Oratorium *Paulus* verknüpfen die Schülerinnen und Schüler Gelesenes mit Neuem und stellen Zusammenhänge zwischen Musik und Text her. Auf dem Hintergrund der Wandlung des Saulus zum Paulus profiliert sich die charakterliche (Nicht-)Veränderung Lieutenant Gustls. Die Stunde schließt mit einem Transfer, in dem aus der Schülererfahrung bekannte Wandlungen miteinander verglichen werden. **! Verkürzter Verlauf: 4.1 – 4.2 – 4.3 – 4.4**

Phase	Thema	Sozialform	Kompetenzen und Lernziele	Materialien
Voraussetzungen: Kenntnis des gesamten Werks				
4.1	Einstieg: Auszug aus Felix Mendelssohn Bartholdys Oratorium *Paulus*	UG	• Auditive Medien analysieren und verstehen • Inhaltliches Verständnis musikalischer Werke • Interesse wecken	Audiodatei (online) VORLAGE 4a ➤ S. 36
4.2	Die Wandlung des Saulus zum Paulus in der Bibel	EA / UG	• Auseinandersetzen mit der biblischen Vorlage • Erkennen und Nachvollzug der Veränderung des Paulus • Verständnis für literarische Vorlagen stärken	ARBEITSBLATT 4a ➤ S. 39
4.3	Gustls Gedanken im Lauf der Nacht	PA / UG	• Sich mit Charaktereigenschaften Gustls auseinandersetzen • Umfassendes Charakterprofil Lieutenant Gustls erstellen • Erschließen und Interpretieren von Textstellen	VORLAGE 4b ➤ S. 37 TAFELBILD 4 ➤ S. 37
4.4	Parallelen und Unterschiede zwischen Paulus und Gustl	EA / UG	• Vergleich zweier literarischer Werke • Verstehen der Autorintention	ARBEITSBLATT 4b ➤ S. 40
4.5 **fakultativ**	Wandlungen in der Literatur	EA / UG	• Aufgreifen von Vorerfahrungen • Finden von Vergleichswerken • Literarische Motive erkennen	VORLAGE 4c ➤ S. 38

4.1 Einstieg: Auszug aus Felix Mendelssohn Bartholdys Oratorium *Paulus*

Unterrichtsschritt. Zum Einstieg hören die Schülerinnen und Schüler einen Auszug aus dem *Paulus*-Oratorium von Felix Mendelssohn Bartholdy, das auch Lieutenant Gustl am Anfang des inneren Monologs hört (vgl. S. 7). Es wurde für diesen Unterrichtsschritt das 15. Stück des Werks ausgewählt, »Mache dich auf, werde Licht«, in dem Paulus zum Missionar berufen wird (online z. B. hier: https://youtu.be/Fo8T4grbWsQ, Stand: 14. 6. 2019). Parallel zum beeindruckenden Chorstück bzw. im Anschluss daran soll den Schülerinnen und Schülern der Text präsentiert werden (VORLAGE 4a ***Felix Mendelssohn Bartholdy: »Paulus«***), um das inhaltliche Verständnis zu gewährleisten. Sie sollen nachvollziehen, dass Lieutenant Gustl dieses Werk an dem Abend der Novellenhandlung erleben durfte bzw. musste, Eindrücke zur Musik und zum Text artikulieren, inhaltliche Informationen herausziehen und, je nach Vorwissen, eine erste Einordnung in die biblische Paulus-Geschichte versuchen.

UG

Audiodatei (online)
VORLAGE 4a
➤ S. 36

Erläuterungen. 1836 wurde das Oratorium *Paulus* von Felix Mendelssohn Bartholdy in Düsseldorf uraufgeführt. In diesem wird die Wandlung des Saulus zum Paulus nachgezeichnet. Mendelssohn wählte gezielt aus der biblischen Vorlage Texte aus, die das dramaturgische Ansinnen stützen. Im ersten Teil des Oratoriums wird auf die Christenverfolgung durch Saulus und dessen Erblindung nach der Erscheinung Jesu mit anschließendem Weg nach Damaskus eingegangen. Im zweiten Teil geht es um die missionarische Arbeit des Paulus. Das Oratorium gilt in seiner Gesamtheit als Aufforderung an die Zuhörer, sich zu Gott und dem christlichen Glauben zu bekehren bzw. dessen Geist noch entschiedener zu leben.

Leitfragen:
1. Beschreiben Sie die Eindrücke, die das Chorstück »Mache dich auf, werde Licht!« bei Ihnen hinterlassen hat.
2. Erläutern Sie, welche inhaltlichen Informationen Sie aus dem Text erhalten.
3. * Versuchen Sie, diesen Text in die biblische Geschichte von Paulus einzubetten.

VORLAGE 4a

Felix Mendelssohn Bartholdy: *Paulus*

15. Chor
Mache dich auf, werde Licht!
Mache dich auf! Denn dein Licht kommt,
und die Herrlichkeit des Herrn gehet auf über dir.
Denn siehe, Finsternis bedeckt das Erdreich,
und Dunkel die Völker.
Aber über dir gehet auf der Herr,
und seine Herrlichkeit erscheinet über dir.

Aus: Felix Mendelssohn Bartholdy: Paulus: Oratorium nach den Worten der heiligen Schrift. Nr. 15. www.frankfurterkantorei.de/programmhefte/paulus.pdf (Stand: 14. 6. 2019).

4.2 Die Wandlung des Saulus zum Paulus in der Bibel

EA / UG

ARBEITSBLATT 4a
➤ S. 39

Unterrichtsschritt mit Erläuterungen. Die Schülerinnen und Schüler lesen und bearbeiten ARBEITSBLATT 4a ***Die Bekehrung des Saulus***, die biblische Geschichte von Paulus, der sich vom obersten Christenverfolger Saulus zu einem der glühendsten Verbreiter des Christentums wandelte. Sie charakterisieren die zwei Seiten dieses Menschen, soweit dies in der Kürze des Textes erschließbar ist. Dabei erkennen sie einerseits den erbarmungslosen, fanatischen Verfolger der Christen, der im ganzen Land nach Jesusjüngern sucht, um diese festzunehmen. Andererseits verstehen sie, dass Paulus nach seiner Taufe mit demselben Fanatismus für den christlichen Glauben eintritt und mit großer Kraft seine Missionsarbeit angeht. Somit können die Schülerinnen und Schüler zu dem Urteil gelangen, dass der kraftvolle Charakter des Paulus durchweg gleichbleibt, dass sich jedoch seine Überzeugung grundlegend verändert. Kritisch können sie abschließend hinterfragen, ob sich Saulus auch andere Handlungsoptionen geboten hätten, ob er beispielsweise als überzeugter Christenverfolger eher das Los der Blindheit hätte annehmen müssen, als dass er seine Überzeugung komplett wandelt.

4.3 Gustls Gedanken im Lauf der Nacht

PA / UG

VORLAGE 4b
➤ S. 37

TAFELBILD 4
➤ S. 37

Unterrichtsschritt. Um die Bandbreite an Gedanken und Gefühlen Lieutenant Gustls im Lauf der Nacht nach dem Zusammenstoß mit dem Bäckermeister Habetswallner zu erarbeiten, wird die Klasse in zwei Gruppen unterteilt, die eine befasst sich intensiv mit *Lieutenant Gustl*, Reclam XL, S. 16–29, die andere mit S. 33–45; es wird innerhalb der Gruppen in Partnerarbeit an den Arbeitsaufträgen VORLAGE 4b ***Charakterprofil Lieutenant Gustls*** (Nr. 1–2) gearbeitet. Der letzte Textabschnitt (45,15–25, Arbeitsauftrag Nr. 3) wird von allen bearbeitet. Die Ergebnisse werden im TAFELBILD 4 festgehalten, dessen Grundstruktur vor der Arbeitsphase zur Orientierung bereits angelegt werden kann.

Erläuterungen. Die Schülerinnen und Schüler erkennen, dass Lieutenant Gustl (im Unterschied zu Saulus/Paulus, vgl. 4.4) nichts aus den Gedanken und Erfahrungen der hinter ihm liegenden Nacht gelernt hat. Während der Handlungszeit der Novelle nach dem Zusammenstoß mit dem Bäckermeister Habetswallner erlebt Lieutenant Gustl eine immense Bandbreite an Gedanken und Gefühlen, die auf unterschiedlichste Charakterzüge und Verhaltensweisen schließen lassen. Offensichtlich ist, dass Lieutenant Gustl keinen eindimensionalen Charakter besitzt, sondern dass er sich durchaus auch auf positivere Gedanken und Gefühle einlässt. Der Weg durch das nächtliche Wien könnte für Gustl zum Weg der Läuterung werden, auf dem er sein bisheriges Verhalten hinterfragt.

Diese positiven Ansätze in seinem inneren Monolog werden in diesem Unterrichtsschritt den negativeren, dominanteren gegenübergestellt.

Weitere auffällige Gedanken, die im Tafelbild nicht verzeichnet sind, aber von der Lerngruppe genannt werden können, sind z. B. a) negativ konnotierte: Selbstvorwürfe (16,17–20), Verwirrung (16,32 ff.; 15,15 ff.), Aggressionen (17,27 ff.), Hilflosigkeit (22,31 ff.), Flucht nach Amerika (29,5–8), Freude über den Tod Habetswallners (44,5 ff.) ➤ Kirchbesuch als möglicher Grund für diese glückliche Fügung (44,15 f.), b) positiver konnotierte: Freundlichkeit gegenüber Juden (22,19 ff.), Anziehungskraft der Kirche (38,2 ff.) ➤ Auslösung von Gefühlen und Wünschen, z. B. nach ehrlichem Gesprächspartner (38,10 ff.), Gedanken an das Schreiben der Abschiedsbriefe (Steffi, Klara, Kopetzky, Ballert, Regiment; 40,22–29), liebevoller, allerdings nur gedachter Abschiedsgruß an Klara (41,20–28).

Am Schluss steht, dass er alle positiveren Ansätze vergisst, nach und sofort und mit völliger Überzeugung zu seinen althergebrachten Verhaltensweisen zurückkehrt.

VORLAGE 4b

Charakterprofil Lieutenant Gustls

1. Erschließen und interpretieren Sie in Partnerarbeit die Gedanken und Gefühle Lieutenant Gustls auf seinem Weg durch Wien anhand *Lieutenant Gustl*, Reclam XL, S. 16–29 (Gruppe 1) und 33–45 (Gruppe 2) zusammen mit Ihrem Partner.
2. Teilen Sie Ihre Erkenntnisse in zwei Kategorien und erstellen Sie damit ein differenziertes Charakterprofil Gustls.
3. Beurteilen Sie auf Basis der Textstelle S. 45, Z. 15–25, welche anderen Möglichkeiten für seinen weiteren Lebensweg dem Lieutenant durch die Erfahrungen und Gedanken der vergangenen Nacht offengestanden wären.

TAFELBILD 4

Vom Saulus zum Paulus? – Gustls Wechselbad der Gefühle und Gedanken

Positive

- Vertrauen auf Ehrlichkeit des Bäckermeisters (17,31 ff.)
- Realitätsnähe (20,16 ff.)
- Positive Ansätze im Umgang mit Frauen; Wunsch nach weiblicher Nähe (27,15 f.; 33,17 ff.; 37,9 ff.)
- Chancen eines anderen, unmilitärischen Lebenswegs (28,20 ff.)
- Schuldsuche bei sich selbst – Hinterfragung des eigenen Verhaltens (29,28 ff.)
- Ehrliches Selbstbild ➤ Selbstzweifel (34,12 ff.)

vs.

negative Gefühle und Gedanken

- Vorwürfe an den Bäckermeister (35,10 ff.)
- Selbstlüge (19,9 ff.; 22,1 ff.)
- Ausnutzen der Frauen ohne ernste Bindungen (33,33 ff.)
- Kriegswunsch (31,28 ff.) und Angst vor Ehrverlust (16,15 ff.)
- Schuldsuche bei anderen (19,26 ff.; 29,20 ff.)
- Überheblichkeit (17,27 ff.) und Selbstmitleid (20,21 ff.)

Lieutenant Gustl am Schluss der Novelle:

- Er nutzt die ihm gewährten Chancen für einen grundlegenden Charakterwandel nicht
- Uneingeschränkter Rückfall in die Verhaltensweisen vor dem Zusammenstoß mit dem Bäckermeister
- Positive gedankliche Ansätze wie ausgelöscht

4.4 Parallelen und Unterschiede zwischen Paulus und Gustl

EA / UG

ARBEITSBLATT 4b
➤ S. 40
Lösungshinweise
➤ S. 106

Unterrichtsschritt mit Erläuterungen. Als Abrundung der beiden vorherigen Unterrichtsschritte stellen die Schülerinnen und Schüler die Erzählungen von Paulus und Lieutenant Gustl gegenüber. Anhand des auf dem ARBEITSBLATT 4b ***Vergleich zwischen Paulus und Lieutenant Gustl*** vorgegebenen Rasters finden sie Ähnlichkeiten, aber – gerade im Hinblick auf eine mögliche Wandlung am Ende – auch deutliche Unterschiede. Sie setzen sich mit der Autorintention des jeweiligen Textes auseinander und verstehen dabei die Gründe für das Verfassen der beiden Geschichten. Dieser Unterrichtsschritt soll zunächst in Einzelarbeit erfolgen, besonders wichtig ist aber im Anschluss daran ein intensives Unterrichtsgespräch, in dem die Ergebnisse abgeglichen werden und auf deren Basis weiter diskutiert werden kann.

4.5 Wandlungen in der Literatur (fakultativ)

EA / UG

VORLAGE 4c
➤ S. 38

Unterrichtsschritt. In der fakultativen Vertiefung, die auch als Hausaufgabe aufgegeben werden kann, finden die Schülerinnen und Schüler literarische Werke, in denen die Hauptfigur ebenfalls eine deutliche Wandlung durchläuft (VORLAGE 4c ***Wandlungen in der Literatur***). Sie vergleichen diese Werke mit den Erzählungen von Paulus und Lieutenant Gustl und erkennen den jeweiligen Auslöser der Wandlung. Zur leichteren Strukturierung kann die Lerngruppe das ARBEITSBLATT 4b des vorherigen Unterrichtsschritts heranziehen; so können die einzelnen Kategorien im Unterrichtsgespräch verglichen werden. Wichtig in diesem Unterrichtsschritt ist, dass die Schülerinnen und Schüler erkennen, dass das Motiv der Wandlung ein gängiges erzählerisches Mittel ist, das in vielfältiger Weise Eingang in die Literatur fand und findet.

VORLAGE 4c

Wandlungen in der Literatur

1. Finden Sie weitere literarische Werke (auch filmische), in denen der Protagonist ebenfalls eine Wandlung durchläuft.
2. Vergleichen Sie die Wandlung in Ihren Werken mit der Wandlung bei Paulus und Lieutenant Gustl. Erschließen Sie Gemeinsamkeiten und Unterschiede.
3. Interpretieren Sie die jeweilige Wandlung.

Erläuterungen zu VORLAGE 4c. Werke, die genannt werden könnten, sind:
Literatur:
- Johann Wolfgang Goethe, *Faust I*: Wandlung des höchstgebildeten Faust zu einem Werkzeug Mephistos. Auslöser: Erscheinung Mephistos
- Thomas Mann, *Der Tod in Venedig*: Wandlung des strukturierten Schriftstellers Aschenbach zu einem einen etwa vierzehnjährigen Jungen verehrenden Mann in Venedig. Auslöser: Begegnung mit einem Fremden auf dem Friedhof
- Bertolt Brecht, *Der gute Mensch von Sezuan*: Wandlung Shen Tes von einer gutherzigen Prostituierten zu einem hartherzigen Alter Ego Shui Ta. Auslöser: Erscheinung und Geschenk der Götter

Film:
- *Der kleine Lord*: Die Wandlung des griesgrämigen Earl of Dorincourt zu einem liebevollen Großvater. Auslöser: Begegnung mit seinem Enkel Cedric

ARBEITSBLATT 4a

Die Bekehrung des Saulus

»Saulus aber schnaubte noch mit Drohen und Morden gegen die Jünger des Herrn und ging zum Hohenpriester und bat ihn um Briefe nach Damaskus an die Synagogen, dass er Anhänger dieses Weges, Männer und Frauen, wenn er sie fände, gefesselt nach Jerusalem führe.

Als er aber auf dem Wege war und in die Nähe von Damaskus kam, umleuchtete ihn plötzlich ein Licht vom Himmel; und er fiel auf die Erde und hörte eine Stimme, die sprach zu ihm: Saul, Saul, was verfolgst du mich? Er aber sprach: Herr, wer bist du? Der sprach: Ich bin Jesus, den du verfolgst. Steh auf und geh in die Stadt; da wird man dir sagen, was du tun sollst. Die Männer aber, die seine Gefährten waren, standen sprachlos da; denn sie hörten zwar die Stimme, sahen aber niemanden. Saulus aber richtete sich auf von der Erde; und als er seine Augen aufschlug, sah er nichts. Sie nahmen ihn aber bei der Hand und führten ihn nach Damaskus; und er konnte drei Tage nicht sehen und aß nicht und trank nicht.

Es war aber ein Jünger in Damaskus mit Namen Hananias; dem erschien der Herr und sprach: Hananias! Und er sprach: Hier bin ich, Herr. Der Herr sprach zu ihm: Steh auf und geh in die Straße, die die Gerade heißt, und frage in dem Haus des Judas nach einem Mann mit Namen Saulus von Tarsus. Denn siehe, er betet und hat in einer Erscheinung einen Mann gesehen mit Namen Hananias, der zu ihm hereinkam und ihm die Hände auflegte, dass er wieder sehend werde. Hananias aber antwortete: Herr, ich habe von vielen gehört über diesen Mann, wie viel Böses er deinen Heiligen in Jerusalem angetan hat; und hier hat er Vollmacht von den Hohenpriestern, alle gefangen zu nehmen, die deinen Namen anrufen. Doch der Herr sprach zu ihm: Geh nur hin; denn dieser ist mein auserwähltes Werkzeug, dass er meinen Namen trage vor Heiden und vor Könige und vor das Volk Israel. Ich will ihm zeigen, wie viel er leiden muss um meines Namens willen. Und Hananias ging hin und kam in das Haus und legte die Hände auf ihn und sprach: Lieber Bruder Saul, der Herr hat mich gesandt, Jesus, der dir auf dem Wege hierher erschienen ist, dass du wieder sehend und mit dem Heiligen Geist erfüllt werdest. Und sogleich fiel es von seinen Augen wie Schuppen, und er wurde wieder sehend; und er stand auf, ließ sich taufen und nahm Speise zu sich und stärkte sich.

Saulus blieb aber einige Tage bei den Jüngern in Damaskus. Und alsbald predigte er in den Synagogen von Jesus, dass dieser Gottes Sohn sei. Alle aber, die es hörten, entsetzten sich und sprachen: Ist das nicht der, der in Jerusalem alle vernichten wollte, die diesen Namen anrufen, und ist er nicht deshalb hierher gekommen, dass er sie gefesselt zu den Hohenpriestern führe? Saulus aber gewann immer mehr an Kraft und trieb die Juden in die Enge, die in Damaskus wohnten, und bewies, dass dieser der Christus ist.«

Neues Testament. Apostelgeschichte 9,1–22. In: www.die-bibel.de/bibeln/online-bibeln/lutherbibel-2017/bibeltext/bibel/text/lesen/stelle/54/90001 (Stand: 26.6.2019).

Arbeitsaufträge:

1. Charakterisieren Sie Saulus vor der Erscheinung Jesu und danach als Paulus.
2. Beurteilen Sie die Wandlung des Saulus.
3. Nehmen Sie kritisch dazu Stellung, ob Saulus auch andere Handlungsoptionen hatte und warum er sich dennoch für den Weg des Christentums entschied.

ARBEITSBLATT 4b

Vergleich zwischen Paulus und Lieutenant Gustl

1. Vergleichen Sie die beiden Erzählungen zu den Figuren Paulus und Lieutenant Gustl. Füllen Sie die Tabelle zum Verhalten und zu den äußeren Umständen für Paulus und Lieutenant Gustl aus. Markieren Sie deutliche Unterschiede mit einem Blitzsymbol.

Paulus		Lieutenant Gustl
	Überzeugung vor dem Ereignis	
	Verhalten vor dem Ereignis	
	Ereignis, das eine Wandlung auslösen könnte	
	Unmittelbare Folge des Ereignisses	
	Möglichkeit, die durch das Ereignis geboten wird	
	Helfer für die Wandlung	
	Überzeugung am Ende der Erzählung	
	Erfolg der Wandlung	

2. Formulieren Sie je eine mögliche Autorintention, die hinter der Schilderung der Figur Paulus und hinter der der Figur Lieutenant Gustl stecken könnte.

Autorintention hinter der Schilderung der Figur Paulus:

Autorintention hinter der Schilderung der Figur Lieutenant Gustl:

5 Raum – Der Weg durch Wien mit den Stationen der Entscheidung

Sachanalyse

Nach dem Geschehen an der Garderobe im Wiener Musiksaal folgt Gustls etwa achtstündige nächtliche Odyssee am 4./5. April 1900 durch Wien. Er passiert Orte, die jeweils mit wichtigen Entscheidungen verbunden sind.

Während Gustl zunächst die Ringstraße entlanggeht, kreisen seine Gedanken um die Entehrung durch den Bäckermeister, die damit einhergehende Satisfaktionsunfähigkeit, um die verpassten Chancen seiner Notwehr sowie um das Duellverbot. Gustl plagen Sorgen, dass der Vorfall von Konzertbesuchern beobachtet worden sein könnte, weshalb er Einsamkeit sucht und überlegt, seinen Militärdienst aufzugeben. Als Lösung sieht er schließlich, verbunden mit Selbstmitleid, nur noch seinen Selbstmord (erstmalig 18,32 f.).

Anschließend begibt er sich über die Aspernbrücke Richtung Prater, den Natur- und Erholungspark jenseits des damaligen Innenstadtgebiets. Hier ermahnt er sich in einem Gefühl des Rausches zur Besinnung und Akzeptanz des Suizids, da er unter den gegebenen Voraussetzungen kein Offizier mehr sein kann (vgl. 22,33 f.) und dies anständig akzeptieren müsse (vgl. 22,34 ff.). Im Prater folgt nach positiven Sinneseindrücken das Gefühl des Fröstelns und der Müdigkeit sowie – verbunden mit einem gewissen Hinauszögern der Tat – die zeitliche Planung des Selbstmords (»morgen früh um sieben Uhr«, 26,26). Beengt von militärischen Konventionen nimmt Gustl als Zeichen seiner Selbstreflexion seine Uniformmütze ab, beschäftigt sich kritisch mit seinem Verhalten an der Garderobe des Musiksaals und sucht verzweifelt nach Entschuldigungen dafür sowie nach Alternativen zum Selbstmord. Gedanken an eine Flucht nach Amerika verwirft Gustl wegen des Eingeständnisses der eigenen Dummheit (»viel zu dumm, um was anderes anzufangen«, 31,3). Minderwertigkeitsgefühle sowie Kritik an der eigenen Person bestätigen sein Suizidvorhaben und führen schließlich zu einem traumlosen Schlaf auf einer Bank beim Prater.

Nach dem Erwachen folgt eine mühsame Rückerinnerung an seine Situation, danach auch positive Sinneswahrnehmungen, verknüpft mit schönen Erinnerungen. Er ermahnt sich selbst, sich wie ein Offizier zu verhalten und sich bei seiner Selbstreflexion zusammenzureißen (vgl. 34,15 ff.). Nach Verlassen des Praters über die Praterhauptallee kehrt Gustl über den nahe gelegenen Nordbahnhof und den Praterstern mit der Tegetthoffsäule, welche die militärische Stärke des k. u. k. Staates symbolisiert und Gustl eine gewisse Sicherheit zurückgibt, in die Stadt zurück. Aspekte wie das Nachdenken über den genauen Zeitpunkt des Selbstmords sowie über ein zeitliches Verschieben der Tat, sein Hungergefühl, sein Interesse an Frauen und Wut sowie Rachegedanken gegenüber dem Bäcker verdeutlichen, dass Gustl weiterhin aktiv am Leben teilnehmen will (S. 35 f.).

Von Todesangst getrieben, betritt Gustl eine Kirche und durchlebt eine stark emotionale Phase. Er empfindet Ekel vor sich selbst, da er zittert und das Bedürfnis verspürt, zu weinen. Beinahe panisch und vom Hunger getrieben verlässt er die Frühmesse. Das Passieren der Hofburg, einer weiteren Institution der k. u. k. Macht, hilft Gustl abermals, die Fassung zurückzugewinnen. Auf dem Weg zum Kaffeehaus kreisen die Gedanken um das entgangene Duell mit dem Doktor, das aufgrund seines Selbstmords ausfallen muss. Dass er sich innerlich vom Suizid entfernt, wird dadurch deutlich, dass er das Salutieren des Wachmanns (39,24) oder der Bosniaken (40,1) salopp erwidert und dies zum Anlass zu positiven Erinnerungen an sein Militärleben nimmt. Gustl will den Zeitpunkt des Sterbens erneut verschieben, da aufgrund einiger Mitteilungen, die er schreiben will, »eigentlich noch viel zu tun« (40,30 f.) sei. Er verfällt dem Selbstmitleid, als er sich die Personen seines Umfelds vorstellt, die von seinem Tod erfahren, indem er ihnen Abschiedsbriefe schreibt. Beinahe zu Tränen gerührt, lehnt er das Schreibvorhaben jedoch wieder ab. Letztendlich bestärkt er sich in seiner Vorgehensweise dem Sterben gegenüber (»im Ganzen, ich muss's schon selber sagen, halt' ich mich brav«, 42,12 f.).

Zurück im Kaffeehaus, in dem er zu Beginn von seinem Kameraden Kopetzky das Billet für das Konzert erhalten hat, schließt sich der Kreis des Spaziergangs. Hier verstärkt sich die Abkehr vom tatsächlichen Selbstmord. Zunächst beim Hinsetzen noch etwas durcheinander, löst in ihm die Nachricht des Todes des Bäckermeisters innerlich massive Erleichterung aus, die er zu verbergen weiß. Der Suizid wird sofort ausgeschlossen: »Die Hauptsach' ist: er ist tot, und ich darf leben, und alles g'hört wieder mein!« (45,6 f.).

Es bleibt festzuhalten, dass der Raum und die Personen, die Gustl dort trifft, Einfluss auf seine Gedanken haben und über die Stimmung des Protagonisten, schwankend zwischen Hoffnungslosigkeit, Angst, aber auch zwischen Wut und Selbstsicherheit, mitentscheiden.

Denkbar ist es, im Rahmen der Gesamtbetrachtung

des Werks auch die Kennzeichen der Novelle allgemein zu wiederholen und anhand von Schnitzlers Werk zu überprüfen. Nicht alle durch Schulbücher geläufigen Novellenkriterien lassen sich am *Lieutenant Gustl* eindeutig belegen. Die Schülerinnen und Schüler können aber beispielsweise eine auch durch die Raumstruktur vermittelte symbolisch dichte Darstellungsweise, eine »unerhörte Begebenheit«, die auf einen Höhepunkt hin konzentrierte Erzählung oder die Strukturierung durch Leitmotive im Werk erkennen.

Unterrichtsverlauf

Überblick. Die Schülerinnen und Schüler beschäftigen sich mit dem äußeren Handlungsverlauf, indem sie Gustls nächtlichen Weg durch Wien anhand einzelner Ortsangaben auf einem Stadtplan Wiens rekonstruieren und diese mit den von Gustl vollzogenen Entscheidungen oder Gedanken in Beziehung setzen. Sie sollen Zusammenhänge erfassen und bei Bedarf entsprechende Figuren oder Orte, die für Gustls Entscheidungen relevant sind, miteinbeziehen. Die Schülerinnen und Schüler unterscheiden fakultativ auch erzählte Zeit vs. Erzählzeit, grenzen die Begriffe »Zeitraffung«, »Zeitdehnung« und »Zeitdeckung« voneinander ab und erörtern die Gattungsfrage. **! Verkürzter Verlauf: 5.1 – 5.3 – 5.4 – 5.5 – 5.6**

Phase	Thema	Sozialform	Kompetenzen und Lernziele	Materialien
Voraussetzungen: Kenntnis des gesamten Werks				
5.1	Einstiegsphase: Verschiedene Räume – verschiedene Assoziationen	UG / PA	• Für das Thema »Raum« sensibilisieren • Selbstreflexion üben • Interesse wecken	VORLAGE 5a ➤ S. 43
5.2 **fakultativ**	Übersicht der verschiedenen Möglichkeiten der Zeitgestaltung	EA / UG	• Begrifflichkeiten der erzählerischen Zeitgestaltung kennenlernen bzw. wiederholen und anwenden • Einem Text Informationen entnehmen	ARBEITSBLATT 5a ➤ S. 50
5.3	Überleitung: Geografische Situation Wiens um 1900	LV (Kurzreferat)	• Geografische und historische Begebenheiten kennenlernen	Stadtplan (online)
5.4	Gustls Weg durch Wien: Auffinden von zentralen Stationen	UG	• Mit Hilfe der Textkenntnis und eines Stadtplans Informationen erfassen und zusammentragen • Texterschließungstechniken einüben	VORLAGE 5b ➤ S. 45 VORLAGE 5c ➤ S. 46 Stadtplan (online)
5.5	Einzelanalyse wichtiger Schauplätze durch fünf Gruppen: Ort, Assoziationen, evtl. beteiligte Figuren und Entwicklung Gustls	GA	• Texterschließungstechniken selbst anwenden • Zentrale Inhalte des Gesamtwerks erkennen	ARBEITSBLATT 5b ➤ S. 51
5.6	Zusammenfassung der Raumstruktur mit Ergebnissicherung	UG	• Zentrale Handlungsstränge und den Rahmenkonflikt erkennen	ARBEITSBLATT 5b ➤ S. 51 TAFELBILD 5 ➤ S. 47
5.7 **fakultativ**	Stimmungskurve zu Gustls Befinden	UG / EA	• Die im Einstieg erworbenen Erkenntnisse zum Einfluss von Orten und Begegnungen auf den Gemütszustand einer literarischen Figur anwenden	VORLAGE 5d ➤ S. 48
5.8 **fakultativ**	Gustl im 21. Jahrhundert?	UG / EA	• Übertragen der Textinhaltes auf das 21. Jahrhundert • Erschlossenes Wissen in einem neuen Rahmen anwenden • Kreativ an der Thematik weiterarbeiten	VORLAGE 5e ➤ S. 48

5.9 **fakultativ**	Kennzeichen der Novelle am *Lieutenant Gustl* erkennen	PA	• Kennzeichen einer Novelle am Werk überprüfen • Erschlossenes Wissen anwenden	VORLAGE 5f ➤ S. 49 ARBEITSBLATT 5c ➤ S. 52
HA **fakultativ**	Rekonstruktion der Krise Gustls im 21. Jahrhundert			

5.1 Einstiegsphase: Verschiedene Räume – verschiedene Assoziationen

Unterrichtsschritt. Zum Einstieg in die Stunde notieren sich die Schülerinnen und Schüler eine (selbsterlebte) Kränkungssituation, um für Gustls Vorgehensweise sensibilisiert zu werden. Danach notieren sie eine beliebige Kombination aus den drei Zahlen ❶, ❷ oder ❸ (auch Wiederholung ist möglich). Mit der anschließenden Einstiegsübung mit Hilfe der VORLAGE 5a ***Umgang mit einer erlittenen Kränkung*** rund um diese Kränkung werden die Schülerinnen und Schüler für das Thema »Raum« sensibilisiert und setzen diesen auf Basis ihrer eigenen Erlebnisse in Beziehung zu ihren jeweiligen Assoziationen. Das direkte Anknüpfen an die Welt der Schülerinnen und Schüler in spielerischer Form weckt das Interesse zur Selbstreflexion und fördert den Umgang damit.

UG / PA

VORLAGE 5a
➤ S. 43

Erläuterungen. Mit der Zahlenkombination erhalten die Schülerinnen und Schüler ein Beispiel für eine individuelle Situation, die sie sich vorstellen sollen. Entscheidend ist, ob und, wenn ja, wie ihnen der Ort, die Uhrzeit und die Situation bei der Verarbeitung der Kränkung helfen. Es wird verlangt, dass die Antwort der Schülerinnen und Schüler in knappen Sätzen innerhalb einer Besprechung mit dem Banknachbarn begründet wird.

VORLAGE 5a

Umgang mit einer erlittenen Kränkung

1. Notieren Sie eine beliebige Kombination aus den drei Zahlen ❶, ❷ oder ❸ (auch Wiederholung ist möglich).
2. Stellen Sie Ihren gewählten Zahlen entsprechend die untenstehenden Parameter zu »Ihrer« individuellen Situation zusammen!
3. Setzen Sie sich mit folgenden Fragen auseinander:
   – Wie reagieren Sie an dem ausgesuchten Raum auf eine vorher erfahrene Kränkung?
   – Helfen Ihnen der Ort, die Uhrzeit und die Situation bei der Verarbeitung dieser Kränkung?

Begründen Sie Ihre Antwort in knappen Sätzen innerhalb einer Besprechung mit dem Banknachbarn!

Ort:
❶ Bank vor einer Kirche in der Stadt
❷ Wald
❸ Pausenhof der Schule

Uhrzeit:
❶ Nachmittags
❷ Abends
❸ Am frühen Morgen

Anwesenheit:
❶ Alleine
❷ Einige gleichgesinnte (sympathische) Mitschüler/-innen laufen vorbei und grüßen, ohne jedoch länger stehenzubleiben
❸ Unbekannte Personen laufen vorbei, ohne zu grüßen

5.2 Übersicht der verschiedenen Möglichkeiten der Zeitgestaltung (fakultativ)

EA / UG

ARBEITSBLATT 5a
➤ S. 50

Unterrichtsschritt. Mit dem ARBEITSBLATT 5a ***Zeitgestaltung im »Lieutenant Gustl«*** wird den Schülerinnen und Schülern eine Übersicht verschiedener Möglichkeiten der Zeitgestaltung gegeben. Indem sie sich damit auseinandersetzen, erhalten sie eine fundierte Wissensbasis zur zeitlichen Interpretation der Lektüre. Im Unterrichtsgespräch wird die Zeitgestaltung im Zusammenhang erarbeitet.

Erläuterungen. Insgesamt wird die Novelle zwar zeitraffend erzählt: Man benötigt nicht acht Stunden (= erzählte Zeit), um den Text (vor)zulesen (= Erzählzeit). Im Prinzip zeichnet sich der Text allerdings durch Zeitdeckung aus. Zeitdeckung ist das für den inneren Monolog typische Erzähltempo. Auch die Rückblenden sind als Teil des inneren Monologs zeitdeckend erzählt. Die Zeitraffung wird erreicht, indem an der Stelle der Schlafphase (gekennzeichnet durch eine Trennlinie im Text, S. 32) ein Zeitsprung erfolgt.

Wird dieser Unterrichtsschritt weggelassen, sollten die Informationen knapp durch einen Lehrervortrag gegeben werden.

5.3 Überleitung: Geografische Situation Wiens um 1900

LV
(Kurzreferat)
Stadtplan
(online)

Unterrichtsschritt. Um die Schülerinnen und Schüler an die Raumstruktur des Textes heranzuführen, bedarf es eines kurzen Expertenvortrags über die geografische Situation Wiens um 1900, die insbesondere die Ringstraße und den Prater vorstellt. Dies kann in Form eines Lehrervortrags oder eines Kurzreferats durch einen Schüler oder eine Schülerin erfolgen. Visualisiert werden kann der Vortrag durch einen Online-Plan der Stadt Wien.

Erläuterungen. Dieser Unterrichtsschritt dient als Überleitung zur Detailanalyse. Die Lehrkraft gibt eine einführende Erläuterung der Topografie Wiens um 1900. Dies ermöglicht den Schülerinnen und Schülern, sich im Anschluss auf dem Stadtplan selbständig zurechtzufinden und den Weg Gustls durch Wien nachvollziehen zu können.

Die Erläuterung sollte einerseits die Ringstraße mit herrschaftlichen, militärischen und kulturellen Einrichtungen (Hofburg, Kasernen, Musikverein) als Instanzen der bürgerlichen Ordnung vorstellen. Entlang der genannten Ringstraße bewegt sich Gustl in einem Stadtgebiet, dessen Aussehen sich in den Jahrzehnten zuvor gewaltig verändert hat. Seit 1858 wurde die Stadtmauer rund um die Wiener Altstadt abgerissen und das vorgeschaltete ehemalige Glacis (= freies Schussfeld) bebaut. Aufgrund der Belagerung durch das osmanische Heer im 16. und 17. Jahrhundert und wegen der notwendigen Verteidigung waren zunächst größere Teile noch in militärischem Besitz. Mehrere Kasernen lagen im Bereich der Ringstraße, etwa die Franz-Joseph-Kaserne (an der Aspernbrücke auf der Innenstadtseite der Ringstraße gelegen, also am nächtlichen Weg Gustls) oder die Kronprinz-Rudolf-Kaserne, die – nach der Revolution von 1848 – auch zur Kontrolle der Stadtbevölkerung gebaut wurden. Die Ringstraße gab einer Epoche und einem Stadtgebiet ihren Namen und verläuft in einer Breite von 57 Metern in einer Polygonform mit einer Länge von 5200 Metern um die innere Stadt Wien. Auch an Platz für Reitwege wurde gedacht, um die problemlose Verbindung zwischen den Kasernen zu gewährleisten. Am südlichen Abschnitt liegt die Hofburg, seit dem 13. Jahrhundert Residenz der Kaiserdynastie der Habsburger und somit Zentrum der k. u. k. Monarchie. Das Militärische und die Ordnung sowie die Pracht und der Glanz dominieren also in der Innenstadt.

Prater: Im deutlichen Gegensatz dazu fungiert damals der Prater außerhalb der damaligen Innenstadt, tagsüber quirlige, naturnahe Vergnügungsstätte für das Kleinbürgertum und die Arbeiterschaft, nachts Ort der Kleinkriminalität und Prostitution. Der Prater repräsentiert die Auflösung der Ordnungsstrukturen, er fungiert beispielsweise als beliebter Aufmarschplatz der Arbeiter und besticht durch seine Unkontrollierbarkeit und das Unstrukturierte. Der Kontrast zwischen Prater und Innenstadt sollte im Lehrervortrag deutlich werden.

Diese Informationen sowie weitere Texte und Bilder als Material für ein Kurzreferat lassen sich z. B. finden unter: www.geschichtewiki.wien.gv.at/Ringstraße und www.geschichtewiki.wien.gv.at/Prater. Geeignet für eine Online-Präsentation ist z. B. der Perspektivplan von 1887 unter: www.wien.gv.at/actaproweb2/benutzung/image.xhtml?id=7JeZMxL19gqW6pp0c73BJ+M0+8OkdD4Jp25sfgC2ACs1 (sehr übersichtlich); brauchbar ist auch der Generalstadtplan von 1904 unter www.wien.gv.at/kulturportal/public (Stand: 28. 6. 2019).

5.4 Gustls Weg durch Wien: Auffinden von zentralen Stationen

Unterrichtsschritt. Gemeinsam rekonstruieren die Schülerinnen und Schüler im Unterrichtsgespräch den nächtlichen Weg Gustls auf einem Stadtplan, indem sie fünf zentrale Stationen lokalisieren (VORLAGE 5b ***Gustls nächtlicher Weg durch Wien***). Die Lerngruppe rekonstruiert aus ihrer Textkenntnis (und durch Querlesen beim Markieren der Ortsangaben im Text) die jeweilige Situation Gustls. Dadurch erhalten sie einen ersten Überblick über die Raumstruktur.

UG

VORLAGE 5b
➤ S. 45
VORLAGE 5c
➤ S. 46
Stadtplan (online)

VORLAGE 5b

Gustls nächtlicher Weg durch Wien

S. 7	Konzertgebäude (Musikverein Wien)
S. 18	Café Hochleitner (an der Ringstraße, heute Café Schwarzenberg)
S. 22	Aspernbrücke (Ende der Ringstraße)
S. 25	Prater (etwa Hauptallee 9)
S. 34	Nordbahnhof/Tegethoffsäule (Praterstern)
S. 37	Kirche (evtl. Stephansdom, Stephansplatz 7)
S. 39	Hofburg (Burghof im Inneren)
S. 41	Ringstraße (etwa Burgring 7)
S. 42	Kaffeehaus (wohl in der Josefstadt, mögliche Adresse: Arthur-Schnitzler-Platz 1)

Arbeitsaufträge:

1. Kennzeichnen Sie die entsprechenden Ortsbezeichnungen in Ihrer Textausgabe.
2. Finden und markieren Sie auf Google Maps die angegebenen Orte von Gustls Weg durch Wien und verbinden Sie die Stationen.
3. Fassen Sie für jede Station kurz die Situation Gustls zusammen.

Erläuterungen. Im Zentrum der räumlichen Analyse sollten folgende Orte stehen, die im Folgenden auch aufgrund ihrer großen Bedeutung für Gustl genauer untersucht werden: Konzerthaus, Prater, Kirche, Ringstraße, Kaffeehaus.

Bei der Verwendung des Google-Maps-Routenplaners empfiehlt sich die Einstellung ›Fahrrad‹, um realistische Ergebnisse zu erhalten.

Alternative. Der Stadtplan mit bereits eingezeichnetem Wegverlauf (VORLAGE 5c ***Stadtplan von Wien mit Gustls Weg***) wird ausgeteilt oder präsentiert. Unter Rückgriff auf den Text vollzieht die Lerngruppe Gustls Weg nach. Die Zahlen geben die Seitenangaben der Tabelle in VORLAGE 5b wieder.

5.5 Einzelanalyse wichtiger Schauplätze durch fünf Gruppen: Ort, Assoziationen, evtl. beteiligte Figuren und Entwicklung Gustls

Unterrichtsschritt. Der Kurs wird in fünf Expertenteams entsprechend der fünf zentralen Stationen des ARBEITSBLATT 5b ***Gustls nächtliche Odyssee durch Wien*** eingeteilt. Jedes Team nimmt sich eine der fünf Stationen zur eingehenden Analyse vor: Die Schülerinnen und Schüler fokussieren in genauer Lektüre der entsprechenden Texte Gustls Assoziationen am jeweiligen Ort (evtl. verbunden mit Figuren) und erarbeiten im Gruppengespräch Gustls Entwicklung bzw. Entscheidungen und Gedankengänge.

GA

ARBEITSBLATT 5b
➤ S. 51
Lösungshinweise
➤ S. 107

VORLAGE 5c

Stadtplan von Wien mit Gustls Weg

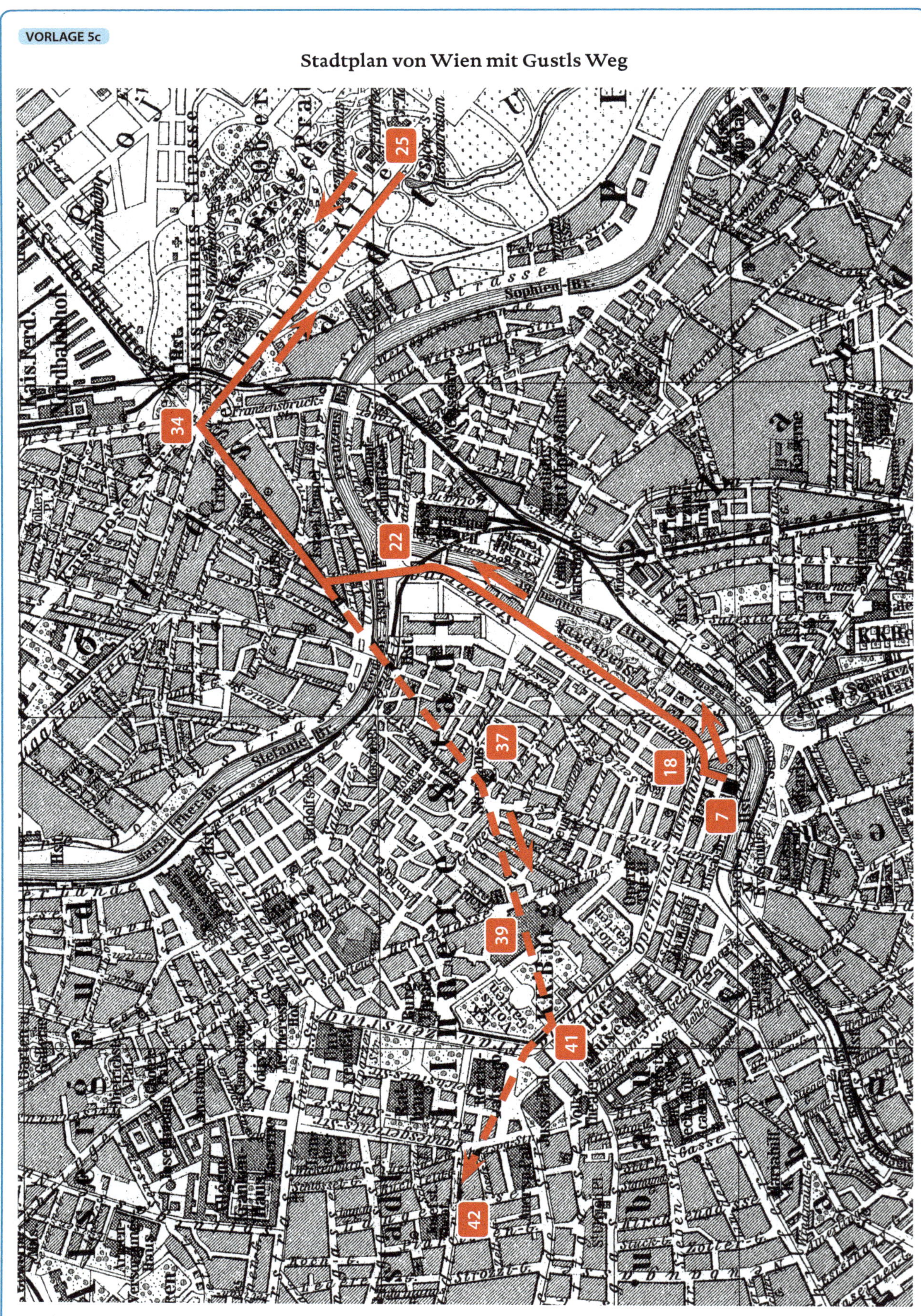

Stadtplan von Wien mit Gustls Weg (aus: A. Schnitzler, *Lieutenant Gustl*, hrsg. von Konstanze Fliedl, Stuttgart 2002 [u. ö.], S. 78 f.). Die Zahlen verweisen auf die entsprechende Seite der Reclam XL-Ausgabe.

5.6 Zusammenfassung der Raumstruktur mit Ergebnissicherung

Unterrichtsschritt mit Erläuterungen. Auf Basis der vorhergehenden Gruppenarbeit (5.5) werden im Unterrichtsgespräch die Analysen zu den zentralen Stationen von Gustls Route im ARBEITSBLATT 5b ***Gustls nächtliche Odyssee durch Wien*** ergänzt, zusammengefasst und im TAFELBILD 5 gesichert. Die Schülerinnen und Schüler erkennen, dass Orte und Stimmung Gustls überwiegend kohärent zueinander sind, d.h. die Hauptperson durch die Orte in ihren Stimmungen, Gedanken und Entscheidungen beeinflusst wird. Sie entwickeln ein tiefergehendes Verständnis für Handlungsschritte der Hauptperson und setzen sich kritisch mit dem Verhaltensmuster dieser Figur auseinander.

UG

ARBEITSBLATT 5b ➤ S. 51

TAFELBILD 5 ➤ S. 47

Insgesamt soll deutlich werden, dass Gustls Gedanken um den erlebten Vorfall und den damit notwendig gewordenen Selbstmord kreisen, durchzogen von Erinnerungen an die Familie und sein Leben. Ein über erste Ansätze hinausführendes Nachdenken über den von ihm vertretenen Ehrbegriff und eine Reflexion über sein bisheriges Leben finden nicht statt.

Leitfragen:

1. Erläutern Sie Ihre Feststellungen aus der Gruppenarbeitsphase.
2. Fassen Sie diese jeweils knapp zusammen.

TAFELBILD 5

Die Raumstruktur in *Lieutenant Gustl*

<u>Ausgangssituation</u>

- 4. April 1900: Wiener Musiksaal, *Paulus-Oratorium*
- »unerhörte Begebenheit«: Ehrverletzung Gustls durch Bäckermeister Habetswallner

⬇

<u>Gustls ca. 8-stündige Odyssee nachts</u>

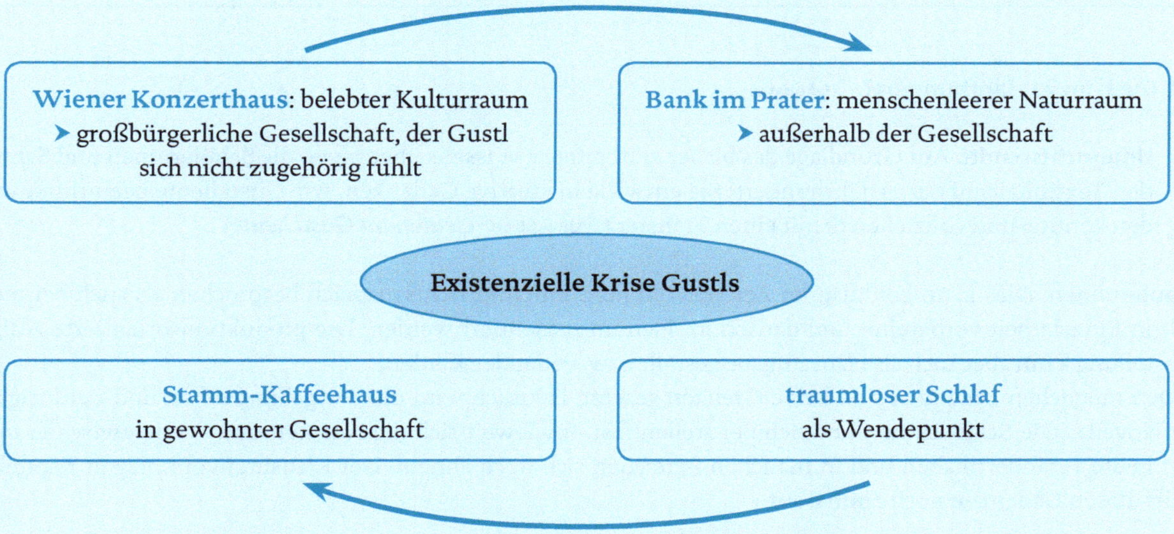

Wiener Konzerthaus: belebter Kulturraum
➤ großbürgerliche Gesellschaft, der Gustl sich nicht zugehörig fühlt

Bank im Prater: menschenleerer Naturraum
➤ außerhalb der Gesellschaft

Existenzielle Krise Gustls

Stamm-Kaffeehaus
in gewohnter Gesellschaft

traumloser Schlaf
als Wendepunkt

Rückweg in die Innenstadt = Rückkehr in ursprüngliches Normengefüge
➤ Institutionen der k. u. k. Macht – überwiegend militärisch geprägt

<u>Fazit:</u>

➤ Orte und Stimmung stehen überwiegend in einem Zusammenhang
➤ Gedanken kreisen immer um den erlebten Vorfall und den damit notwendigen Selbstmord, durchzogen von Erinnerungen an die Familie und sein Leben
➤ Ein Nachdenken über den von ihm vertretenen Ehrbegriff und Reflexion über sein bisheriges Leben findet letztlich nicht statt

5.7 Stimmungskurve zu Gustls Befinden (fakultativ)

UG / EA

VORLAGE 5d

➤ S. 48

Unterrichtsschritt. Die Schülerinnen und Schüler erstellen vor dem Hintergrundwissen der zentralen Stationen auf Gustls Weg durch Wien (Unterrichtsschritt 5.5) eine Stimmungskurve (VORLAGE 5d ***Stimmungskurve zu Gustls Befinden***).

Erläuterungen. Die Erstellung dient der Vertiefung der erzielten Ergebnisse. Dies kann, je nach Zeit, sowohl im Unterrichtsgespräch durchgeführt, als auch in Einzelarbeit vorbereitet und danach (evtl. auch als Hausaufgabe in der nächsten Stunde) präsentiert werden. Gustls Stimmungskurve verläuft – je nach Ort und Gedankengang – überwiegend wie aufeinanderfolgende Amplituden.

VORLAGE 5d

Stimmungskurve zu Gustls Befinden

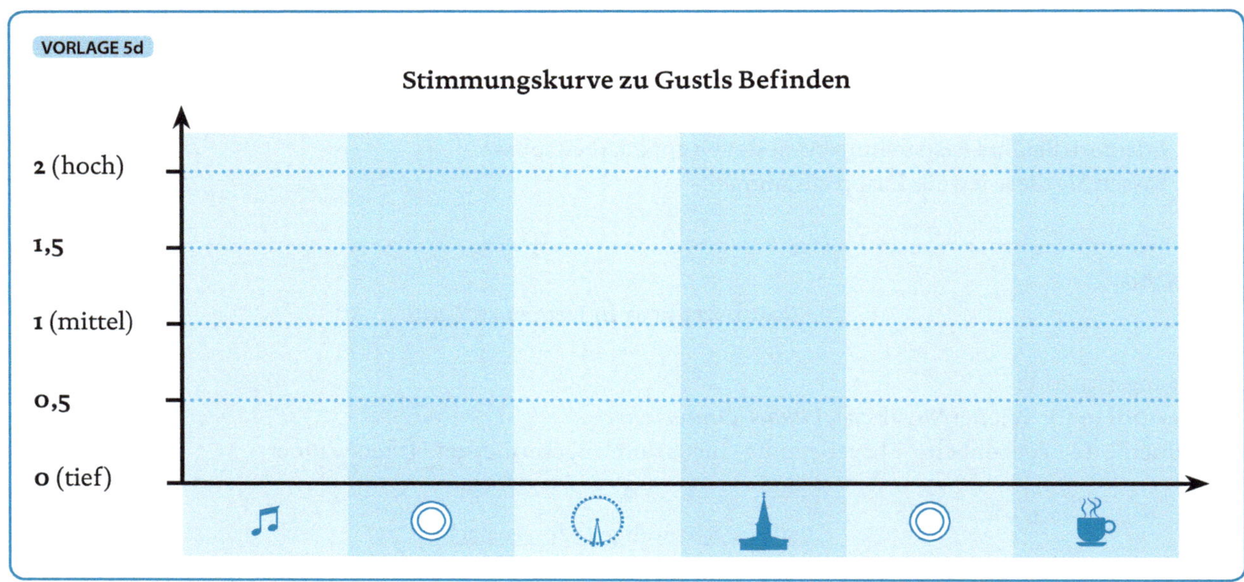

5.8 Gustl im 21. Jahrhundert? (fakultativ)

UG / EA

VORLAGE 5e

➤ S. 48

Unterrichtsschritt. Auf Grundlage des bisher erarbeiteten Wissens übertragen die Schülerinnen und Schüler den Textinhalt auf das 21. Jahrhundert: Sie entwickeln kreative Gedanken, wie Gustl heute beeinflusst werden könnte, und vollziehen damit einen Transfer (VORLAGE 5e ***Lieutenant Gustl heute***).

Erläuterungen. Dies kann bei knapper Zeit sowohl kurz im Unterrichtsgespräch besprochen als auch bei mehr Zeit in Einzelarbeit vorbereitet und danach im Plenum präsentiert werden. Die produktionsorientierte Aufgabenstellung kann aber auch als Hausaufgabe gestellt bzw. vollendet werden.

Den möglichen Lösungen sind keine Grenzen gesetzt. Deutlich wird die Zeitgebundenheit und Zeitlosigkeit der Novelle: Die Schülerinnen und Schüler stellen fest, inwieweit sich die Normen und Werte zwischen 1900 und heute verändert haben und in manchen Bereichen sich noch ähneln. Der Klausurenvorschlag in Kapitel 10 greift diesen Gedanken noch einmal auf.

VORLAGE 5e

Lieutenant Gustl heute

Rekonstruieren Sie in groben Zügen Gustls existenzielle Krise im 21. Jahrhundert in einer Stadt Ihrer Wahl:

1. Welche Stationen würden Sie Gustl entlanggehen lassen?
2. Welche Begegnungen und Überlegungen würden Sie ihn machen lassen?
3. Welches Ende sollte die Novelle heute haben?

5.9 Kennzeichen der Novelle am *Lieutenant Gustl* erkennen (fakultativ)

Unterrichtsschritt. Die Schülerinnen und Schüler überprüfen anhand der VORLAGE 5f ***Definition der Novelle*** (oder des verwendeten Schulbuchs), ob es sich bei *Lieutenant Gustl* um eine Novelle handelt, indem sie gängige Kennzeichen am Werk belegen (ARBEITSBLATT 5c ***»Lieutenant Gustl« – eine Novelle?***). PA

VORLAGE 5f ➤ S. 49
ARBEITSBLATT 5c ➤ S. 52

Erläuterungen. Die Lehrkraft sollte berücksichtigen, dass es nicht immer einfach ist, einen Text eindeutig einer Gattung zuzuordnen. Sicherlich bietet es sich an, allgemein im Plenum über bestimmte Punkte zu diskutieren und Begriffe (ggf. zur Wiederholung) zu erläutern, etwa »Dingsymbol«. Die Schülerinnen und Schüler sollten die durch den inneren Monolog erfolgte Psychologisierung, eine symbolisch dichte Darstellungsweise (zu der auch die erarbeitete Raumstruktur gehört), eine »unerhörte Begebenheit« (die Beleidigung durch den Bäckermeister), die auf einen Höhepunkt hin (die Nachricht vom Tod des Bäckermeisters) konzentrierte Erzählung und die Strukturierung durch Leitmotive, etwa den Säbel als Dingsymbol (mit erinnerndem Hinweis durch die Lehrkraft auf Unterrichtsschritt 3.4 und ARBEITSBLATT 3a), im Werk erkennen.

VORLAGE 5f

Definition der Novelle

»**Novelle** (ital. *novella* ›Neuigkeit‹): Epische Untergattung einer Prosaerzählung mittlerer Länge. Die N. wird wegen ihrer unterschiedlichen Erscheinungsformen uneinheitlich definiert. Doch gemeinsam ist den meisten N., dass sie »eine sich ereignete unerhörte Begebenheit« (Johann Wolfgang Goethe) behandeln. Das geschilderte Ereignis hat aufgrund seines außergewöhnlichen Charakters Neuigkeitswert und erhebt gleichzeitig Anspruch auf Wirklichkeit. Wesentliche novellistische Merkmale sind: straffe Handlungsführung um einen zentralen Konflikt (Nähe zum Drama), Einsatz szenischer und dialogischer Elemente, Zuspitzung auf einen Höhe- und Wendepunkt, Tendenz zur geschlossenen Form, Leitmotiv und Dingsymbol.«

Yomb May: Kompaktwissen. Literarische Grundbegriffe. Stuttgart: Reclam, 2012 [u. ö.]. S. 100.

Hausaufgabe (fakultativ)

Fortsetzung von 5.8: Rekonstruieren Sie in groben Zügen Gustls existenzielle Krise im 21. Jahrhundert in einer Stadt Ihrer Wahl: Welche Stationen würden Sie Gustl entlanggehen lassen? Welche Begegnungen und Überlegungen würden Sie ihn machen lassen? Begründen Sie Ihre Auswahl!

ARBEITSBLATT 5a

Zeitgestaltung im *Lieutenant Gustl*

Definitionen:

Erzählzeit: Dauer des Erzählens bzw. Lesens (Seitenzahlen des Textes)
Erzählte Zeit: Dauer des erzählten Vorgangs

Mögliche Kombinationen:

1. Erzählzeit < erzählte Zeit ➤ Zeitraffung
2. Erzählzeit > erzählte Zeit ➤ Zeitdehnung
3. Erzählzeit = erzählte Zeit ➤ Zeitdeckung

Weitere Formen der Zeitgestaltung:

- Rückblende: Vergegenwärtigung von Ereignissen aus der Vergangenheit durch den Erzähler
- Zeitsprung: Auslassung von Phasen (Extremfall der Zeitraffung, Erzählzeit = 0)

Anwendung auf *Lieutenant Gustl*:

- Erzählte Zeit insgesamt = ungefähr acht Stunden: Die Handlung erstreckt sich von 10:00 Uhr abends bis 6:00 Uhr am nächsten Morgen.

  ____

- Dabei wird die Zeit zwischen ungefähr 00:30 und 3:00 Uhr (fast dreistündiger Schlaf von Gustl auf der Parkbank) vom Autor übersprungen und nicht näher ausgeführt.

  ____

- Erster Teil des Spaziergangs: S. 17–22. Man benötigt vom Musikhaus bis zur Aspernbrücke zu Fuß etwa 18 Minuten.

  ____

- Gustl erinnert sich mehrfach daran, dass Kopetzky ihm vor dem Konzert im Kaffeehaus das Billet für das Oratorium überlassen hat (7,20–25, 19,26 f, 29,18–23, 35,5–7).

  ____

Arbeitsaufträge:

1. Grenzen Sie die Begriffe »Erzählzeit« und »erzählte Zeit« voneinander ab!
2. Entscheiden und begründen Sie anhand von Beispielen, welche Formen der Zeitgestaltung im *Lieutenant Gustl* verwendet werden.

*3. Charakterisieren sie die Zeitgestaltung im *Lieutenant Gustl* im Ganzen.

ARBEITSBLATT 5b

Gustls nächtliche Odyssee durch Wien

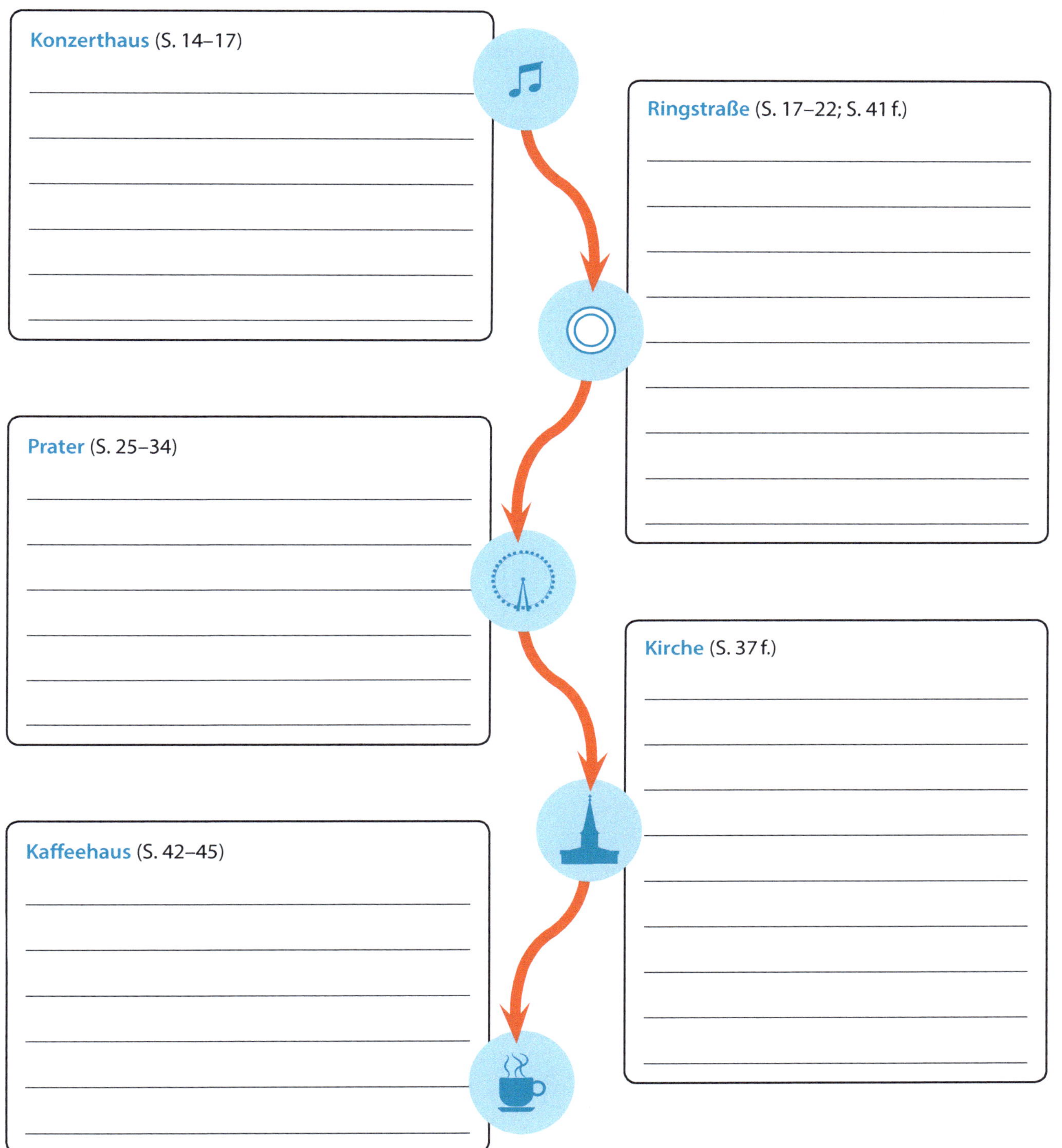

Arbeitsaufträge:

1. Beschreiben Sie Gustls Assoziationen (eventuell verbunden mit Figuren) an dem Ihrer Gruppe zugeordneten Ort.
2. Erarbeiten Sie Gustls Entscheidungen an diesem Ort.
3. Tragen Sie folgende Aspekte auf dem Arbeitsblatt ein: Wen trifft Gustl, was sieht er, welche Entscheidung fällt er (Belege mit entsprechender Seitenzahl)?

*4. Prüfen Sie, inwiefern es einen Zusammenhang zwischen Gustls Gedanken und dem Ort gibt. Formulieren Sie dazu eine Hypothese.

ARBEITSBLATT 5c

Lieutenant Gustl – eine Novelle?

Listen Sie fünf Merkmale der Novelle auf, denen Sie in der bisherigen Beschäftigung mit *Lieutenant Gustl* begegnet sind! Ordnen Sie diesen Merkmalen – soweit möglich – entsprechende Beispiele aus dem Text zu!

Merkmale einer Novelle	Textbelege/Beispiele aus *Lieutenant Gustl*
1.	1.
2.	2.
3.	3.
4.	4.
5.	5.

6 Standesdünkel – Die Standesehre Lieutenant Gustls und der Offiziere in der k. u. k. Doppelmonarchie

Sachanalyse

»Wenn ich mich so erinner', wie ich das erste Mal den Rock angehabt hab', so was erlebt eben nicht jeder ...« (12,29 ff.) – An diesem Zitat Lieutenant Gustls kann man bereits sehen, was auf nahezu allen Seiten des Werks mitschwingt: ein unsagbarer Stolz Gustls, ein Teil des k. u. k. Militärapparats zu sein. Zugleich ist es ein Seitenhieb auf alle diejenigen, die, aus welchen Gründen auch immer, das Gefühl des Soldatentums nicht selbst erfahren können. Schon durch die Titelgebung wird deutlich, welch herausragende Bedeutung das Militär in diesem Werk einnimmt, schließlich wird hier der Dienstgrad bewusst dem Namen Gustl beigefügt.

Soldat zu sein bedeutet in der k. u. k. Monarchie unter anderem auch, sich seines Standes bewusst zu sein, dies nach außen zu präsentieren und sich auch danach zu verhalten. Von Anfang an ist sich Lieutenant Gustl bewusst, dass sein Offiziersrang von ihm ein angemessenes Verhalten erfordert, weshalb er sich immer wieder fragt, ob sein Tun vor den Augen der Gesellschaft in Ordnung ist (vgl. 7,2–5). Deutlich wird bereits hier, dass es dabei vor allem auf die Wahrung des äußeren Scheins und weniger auf die absolute innere Überzeugung ankommt.

Das im militärischen Zusammenhang am entschiedensten zu verteidigende Gut ist die Ehre, was dem jungen Lieutenant Gustl vom Start seiner militärischen Laufbahn an in Fleisch und Blut übergegangen ist. Auch wenn eine vermeintlich verzeihliche Aussage wie die des Doktors zur patriotischen Überzeugung einiger Soldaten getroffen wird, lässt aus Sicht Gustls »[s]o eine Frechheit« (12,17) nur das Duell zur Wiederherstellung der Standesehre des Soldatentums zu.

Problematisch wird es, als Lieutenant Gustl sich erneut mit einer Ehrverletzung konfrontiert sieht, denn dieses Mal geht diese nicht gegen die k. u. k. Armee allgemein, sondern gegen ihn als Offizier persönlich. Indem der nicht satisfaktionsfähige Bäckermeister Habetswallner, physisch überlegen, ihm seinen Säbel fest in den Halter drückt (15,20 ff.), mit dem Zerbrechen des Säbels, des Ehrensymbols des Offiziers, droht (15,32 f.) und ihn mit »dummer Bub« (15,34) beschimpft, »steht Gustl nun vor vier Handlungsmöglichkeiten«[1] und befindet sich somit in einer regelrechten Dilemmasituation. Den Vorfall beim Vorgesetzten gestehen und den Dienst »quittieren mit Schimpf und Schand'« (18,15 f.), nach Amerika flüchten (vgl. S. 29 ff.), hoffen auf die Verschwiegenheit des Bäckermeisters in dieser Angelegenheit (vgl. S. 17 ff.) oder viertens – als indirekte Handlungsmöglichkeit – hoffen, dass der Bäckermeister plötzlich verstirbt. Schon das Abwägen dieser Möglichkeiten zeigt, dass der Lieutenant mit allen Mitteln versucht, aus dieser Situation doch noch irgendwie herauszukommen und dabei nach außen hin seine Ehre zu behalten. Die eigentlich nach dem Ehrenkodex ›richtige‹ Handlungsmöglichkeit wäre das sofortige Niederschlagen oder -stechen des Bäckermeisters gewesen, was man als Ehrennotwehr bezeichnet. Dies wäre die einzige Möglichkeit gewesen, die Ehre wiederherzustellen, da ein Duell mit dem Bäckermeister nicht möglich war. Hätte Gustl den Bäckermeister sofort verletzt oder gar erstochen, wäre er zwar unter Umständen vor Gericht angeklagt worden, doch er hätte seine Ehre gerettet und wäre wohl mit einer glimpflichen Strafe oder straffrei davongekommen. Doch diese Handlungsmöglichkeit hat ihm Habetswallner, wohlüberlegt, durch das Festhalten des Säbels genommen, die Unentschlossenheit und Unsicherheit Gustls in der Situation zu seinem Vorteil nutzend.

Für Gustl geht es im Folgenden eigentlich darum, seine eigene Haut zu retten, »die Ehre der k. u. k. Armee bedeutet ihm nichts: Sobald es um sein Leben geht, erweist sie sich als leere Phrase; das gilt auch für seine Gewissenskonflikte, die alles andere als authentisch sind.«[2] Er weiß zwar, dass er zum Suizid verpflichtet ist, schiebt ihn aber hinaus. Möglich ist das, weil offen ist, ob die Auseinandersetzung mit dem Bäckermeister öffentlich bekannt wird. Die Offiziersehre wird so als hohle Floskel entlarvt, die nur dazu dient, eine äußere Scheinwelt aufzubauen, für die es aber egal ist, ob die tatsächlichen Verhaltensweisen ehrenhaft sind, solange sie im Verborgenen stattfinden. Es ist deutlich, dass Gustl tief im Innersten alles andere als überzeugt ist, für den Erhalt seiner Ehre den Tod in Kauf nehmen zu müssen. Als der Bäckermeister dann tatsächlich stirbt und somit die vierte oben beschriebene Möglichkeit eintritt, die mit Abstand am unwahrscheinlichsten ist, lernt der Soldat nicht aus den schweren vorherigen Stunden, sondern blickt »so froh, so froh« (45,15) seiner Zukunft und

1 Mario Leis, *Lektüreschlüssel. Arthur Schnitzler, »Lieutenant Gustl«*, Stuttgart 2010, S. 35.

2 Ebd., S. 37.

dem Duell mit dem Doktor entgegen. Mit den Worten »na wart', mein Lieber, wart', mein Lieber! Ich bin grad gut aufgelegt … Dich hau' ich zu Krenfleisch!« endet die Novelle und offenbart damit schonungslos die Scheinheiligkeit und die ritualisierte Aggressionsbereitschaft, die Schnitzler als Kennzeichen der k. u. k. Armee kritisiert.

Schnitzlers Novelle wurde dementsprechend bald nach ihrem Erscheinen als satirischer und schonungsloser Seitenhieb auf das Soldatentum des Habsburgerreichs wahrgenommen. Wegen Angriffs auf den Ehrenkodex des Militärs wurde ihm der Offiziersrang als Oberarzt der Reserve entzogen. Die Enthüllung des militärischen Standesdünkels und eines fragwürdigen Ehrbegriffs aber konnten Schnitzler nicht mehr genommen werden.

Unterrichtsverlauf

Überblick. Die Schülerinnen und Schüler erkennen den Standesstolz der k. u. k. Soldaten, indem sie sich mit einem Liedtext und einem Bild aus der k. u. k. Monarchie auseinandersetzen. Sie erschließen gemeinsam und in Einzelarbeit Textstellen, in denen das Standesbewusstsein Lieutenant Gustls und der darin inbegriffene Ehrbegriff des k. u. k. Militärs offensichtlich werden. Dabei verstehen sie die Selbstüberhöhung des österreichischen Militärstands im Unterschied zu den Zivilisten. Diese Erkenntnis wird gestützt durch einen Sachtext Gero von Wilperts, der den Ehrbegriff dezidiert untersucht hat. Abschließend vollziehen die Schülerinnen und Schüler einen Transfer und vergleichen den Ehrbegriff der k. u. k. Zeit mit dem des heutigen US-Militärs. **! Verkürzter Verlauf: 6.1 – 6.2 – 6.3**

Phase	Thema	Sozialform	Kompetenzen und Lernziele	Materialien
Voraussetzungen: Kenntnis des gesamten Werks				
6.1	Einstiegsphase: *Deutschmeister Regimentsmarsch* und k. u. k. Infanterieregiment Nr. 4	UG	• Auditive und visuelle Medien analysieren und verstehen • Den Standesstolz des k. u. k. Militärs erkennen • Interesse wecken	VORLAGE 6a ➤ S. 55 Audiodatei (online) VORLAGE 6b ➤ S. 56
6.2	Ehre und Standesbewusstsein im k. u. k. Militär	UG	• Gemeinsame Erschließung einer Textstelle • Erkennen des Standesbewusstseins und Ehrgefühls im k. u. k. Militär	TAFELBILD 6 (Teil 1) ➤ S. 57
6.3	Anspruch und Wirklichkeit der Standesehre Lieutenant Gustls	(Arbeitsteilige) PA / UG	• Erschließung und Interpretation von Textstellen • Charakterisierung von Verhaltensweisen einer Figur • Feststellung der Diskrepanz im militärischen Denken und Handeln Gustls	VORLAGE 6c ➤ S. 58 TAFELBILD 6 (Teil 2) ➤ S. 58
6.4 **fakultativ**	Der Ehrbegriff in *Lieutenant Gustl* und im k. u. k. Militär	UG / EA	• Entnehmen und Verstehen von Informationen aus einem Sachtext • Vertieftes Erkennen der beiden Dimensionen des Ehrbegriffs in *Lieutenant Gustl* • Übertragung des Wissens auf das k. u. k. Militär im Allgemeinen	VORLAGE 6d ➤ S. 59 TAFELBILD 6 (Teil 3) ➤ S. 59
6.5 **fakultativ**	Transfer: Der Ehrbegriff im US-Militär	UG	• Auseinandersetzung mit heutigem Ehrbegriff • Vergleich des Ehrbegriffs im k. u. k. und dem US-Militär	Video (online)
HA	Kommentar zum Ehrbegriff in unserer heutigen Lebenswelt			

6.1 Einstiegsphase: *Deutschmeister Regimentsmarsch* und k. u. k. Infanterieregiment Nr. 4

Unterrichtsschritt. Zum Einstieg hören die Schülerinnen und Schüler den Anfang (bis einschließlich der ersten gesungenen Strophe) des *Deutschmeister Regimentsmarschs*, des wohl bekanntesten Marschlieds des k. u. k. Militärs aus dem Jahr 1893 (online z. B. hier: youtu.be/HdJqvucTL-I, Stand: 18.7.2019). Zusätzlich wird ihnen per Beamer an der Tafel die VORLAGE 6a ***Defilee des k. u. k. Infanterie-Regiments Hoch- und Deutschmeister Nr. 4*** präsentiert. Zunächst erkennen die Schülerinnen und Schüler das außerordentliche Standesbewusstsein des Militärs und dessen großen Stolz, der sowohl im Lied als auch auf dem Gemälde offensichtlich wird. Nach dem Austausch der ersten Eindrücke kann man der Lerngruppe noch den Text (VORLAGE 6b ***Deutschmeister Regimentsmarsch***) präsentieren, um dessen Inhalt genauer zu erschließen, die Aussage des Marschtextes zu interpretieren und erste Bezüge zu *Lieutenant Gustl* herzustellen.

UG

VORLAGE 6a ➤ S. 55

Audiodatei (online)

VORLAGE 6b ➤ S. 56

Erläuterungen zu den Medien. *Deutschmeister Regimentsmarsch*: Komponist Wilhelm August Jurek (1870–1934) war selbst drei Jahre Mitglied im Infanterie-Regiment Hoch- und Deutschmeister Nr. 4, einem sehr traditionsreichen österreichischen Militärregiment, dessen Militärkapelle in Wien und darüber hinaus bekannt war. Der *Deutschmeister Regimentsmarsch*, der am 19. März 1893 im Ober-St.-Veiter Kasino in Wien zum ersten Mal gespielt wurde, ist sein berühmtestes Werk und zählt wohl zu den bekanntesten Militärmärschen überhaupt. Einer Legende nach soll Jurek beim Stempeln von Urlaubsscheinen, das schnell und rhythmisch abgelaufen sein könnte, die Melodie und der Text des *Deutschmeister Regimentsmarschs* eingefallen sein. So las er »auf den militärischen Urlaubsscheinen immer wieder ›k. u. k. Infanterie Regiment Hoch- und Deutschmeister Nr. 4‹ und schlug dabei mit dem Stempel im Takt auf die Urlaubsscheine: ›bumm, bumm, bumm, bumm, ka und ka Infanterie Regiment Hoch- und Deutschmeister Nummero vier, bumm, bumm …‹« (Felix Steinwandtner, »110 Jahre Deutschmeister-Regimentsmarsch«, in: www.1133.at/document/view/id/33, Stand: 18. 7. 2019).

VORLAGE 6a

Defilee des k. u. k. Infanterie-Regiments Hoch- und Deutschmeister Nr. 4

Alexander Pock (1871–1950), *Defilee des k. u. k. Infanterie-Regiments Hoch- und Deutschmeister Nr. 4 vor Erzherzog Eugen im Wiener Prater*, Gemälde, 1896. – © Heeresgeschichtliches Museum, Wien.

VORLAGE 6b

Deutschmeister Regimentsmarsch

1.
Mir san vom vierten Regiment, geborn san mir in Wean [Wien]!
Wir hab'n unser liab's Vaterland und unsern Kaiser gern!
Und fangen's wo mit Österreich zum Kriegführn amal an,
So haut a jeder von uns drein, so viel er dreinhaun kann.
Die Schlacht, zum Beispiel bei Kolin, wie's jeder wissen tuat,
Beweist doch gleich, was all's im Stand is's Weanabluat.
Und so wie's die vor uns hab'n g'macht, so kämpfen wir auch heut
Und geb'n 'n letzten Tropfen Bluat fürs Vaterland voll Freud!
Refrain
|: *Mir san vom ka und ka Infantrie-Regiment*
Hoch und Deutschmeister Numm'ro vier! :|

[...]

3.
Und an an Sonntag Nachmittag in der Extra-Montur,
Im Sack unsern Erlaubnisschein bis sieb'ne in der Fruah,
Im Arm a Maderl, wie a Fee, so lieb und wunderschön,
So können's uns von Numm'ro vier beim Heurig'n draußen sehn!
Doch wenn wir amal älter san und unsern Abschied hab'n,
So sag'n wir jedem voller Stolz, wir war'n bei d'Edelknab'n,
Hab'n treu und brav in Kaisers Rock gedient fürs Vaterland
Und hab'n dem vierten Regiment gar niemals g'macht a Schand!
Refrain

Wilhelm August Jurek (Text und Komposition): Deutschmeister Regimentsmarsch. 1893.
Text nach: musicanet.org/robokopp/Lieder/mirsanvo.html (Stand: 18.7.2019).

Für den Einstieg ist dieser Marsch in zweifacher Hinsicht ergiebig. So bildet einerseits der Marschtakt das Fundament für das Gefühl des Stolzes der zu dem Lied marschierenden Soldaten und evoziert deren Freude und Übermut, die im Gesang spürbar werden. Der Zuhörer wird förmlich vom Rhythmus mitgerissen. Andererseits ist auch der Liedtext sehr aussagekräftig. Zeilen wie »Und fangens wo mit Österreich zum Kriegführn amal an, / So haut a jeder von uns drein, so viel er dreinhaun kann.« (Strophe 1, Z. 3f.) oder »Und geb'n 'n letzten Tropfen Bluat fürs Vaterland voll Freud!« (Strophe 1, Z. 8) stehen für das immense Standesbewusstsein des Militärs und einen bis zum Tod reichenden Stolz. Der leichtfertige Umgang mit dem weiblichen Geschlecht, der von Lieutenant Gustl bekannt ist, wird durch »Im Arm a Maderl, wie a Fee, so lieb und wunderschön, / So können s'uns von Numm'ro vier beim Heurig'n draussen seh'n!« (Strophe 3, Z. 3f.) bestätigt. Besonders aufschlussreich im Hinblick auf Gustls Angst vor dem Bekanntwerden seiner Ehrverletzung ist das am Ende der dritten Strophe postulierte Ziel der Soldaten, am Ende der militärischen Laufbahn sagen zu können, sie »hab'n dem vierten Regiment gar niemals g'macht a Schand!« (Strophe 3, Z. 8).

Nicht weniger Stolz und Pracht wird im Bild *Defilee* [Parade] *des k.u.k. Infanterie-Regiments Nr. 4 im Wiener Prater* von Alexander Pock (1896) vermittelt. Einheitlich, mit breiter Brust und im exakten Gleichschritt marschiert das Regiment bei der Militärparade, die von dem Kaiser und hohen Generälen abgenommen wird. Das leuchtende Blau der Uniformen korrespondiert mit dem strahlenden Blau des Himmels. Das Regiment tritt aus dem Nebel heraus und zieht eine Staubwolke hinter sich her. Das verstärkt den Eindruck des Dynamischen und der verschworenen und geschlossenen Einheit, die schon durch die Uniformierung und den Gleichschritt erzeugt wird.

Leitfragen:

1. Umreißen Sie die Gefühle, die durch das Hören des *Deutschmeister Regimentsmarschs* ausgelöst werden.
2. Beschreiben Sie das Gemälde von Alexander Pock *Defilee des k.u.k. Infanterie-Regiments Nr. 4 im Wiener Prater.*

3. Diskutieren Sie, welche Wirkung dieses Gemälde bei den Betrachtern auslösen will.
4. Interpretieren Sie den Text der Strophen 1 und 3 des *Deutschmeister Regimentsmarschs* und setzen sie diesen in Bezug zum Soldatenleben Lieutenant Gustls.

6.2 Ehre und Standesbewusstsein im k. u. k. Militär

Unterrichtsschritt. Als Impuls für diesen Unterrichtsschritt dient das von der Lehrkraft vorgetragene Zitat des Lieutenant Gustl: »Ehre verloren, alles verloren!« (22,29 f.). Die Schülerinnen und Schüler setzen sich mit diesem im Unterrichtsgespräch auseinander und erkennen die allumfassende Macht des Ehrbegriffs im k. u. k. Militär. Aus heutiger Sicht scheint dieses extreme militärische Standesbewusstsein und -denken kaum nachvollziehbar, umso stärker muss auf genau diese Sichtweise eingegangen werden. Es schließt unmittelbar das gemeinsame Lesen der Textstelle 12,28–13,9 an. Die Schülerinnen und Schüler erschließen die zentralen Feststellungen daraus und erkennen die überhöhte Selbsteinschätzung des Soldatenstandes und das damit verbundene Gefühl.

UG

TAFELBILD 6 (Teil 1) ➤ S. 57

Leitfragen:
1. Diskutieren Sie, welche Folgerungen man aus dem Zitat »Ehre verloren, alles verloren!« (22,29 f.) ziehen kann.
2. Erläutern Sie, welche Rückschlüsse man aus diesem Zitat auf den Begriff »Ehre« im k. u. k. Militär ziehen kann.
3. Beschreiben und beurteilen Sie die Gefühle, die in der Textstelle 12,28–13,9 feststellbar sind. Was bedeutet »Ehre«?

TAFELBILD 6 (Teil 1)

Ehre
bei Lieutenant Gustl und im k. u. k. Militär

»Ehre verloren, alles verloren!« (22,29 f.)

Ehrbegriff im k. u. k. Militär

- Ehre als oberster Wert in der k. u. k. Armee
- Ausgeprägtes, fast religiöses Gefühl des Standesbewusstseins
- Abgrenzung von Zivilisten (»Die Leut' können eben unserein'n nicht versteh'n«, 12,28 f.)

6.3 Anspruch und Wirklichkeit der Standesehre Lieutenant Gustls

Unterrichtsschritt mit Erläuterungen. In der nun folgenden intensiven Textarbeit wird in Partnerarbeit die Diskrepanz von Anspruch und Wirklichkeit im Hinblick auf den militärischen Ehrbegriff in der Figur Lieutenant Gustl erschlossen. Anhand der in VORLAGE 6c ***Anspruch und Wirklichkeit der Standesehre Lieutenant Gustls*** zusammengestellten Textpassagen zeigt sich, dass sich Gustl immer wieder auf die Bedeutung der Ehre und seinen militärischen Stand beruft, jedoch vieles ad absurdum führt, indem er auf das Nichtentdecken der Ehrverletzung durch den Bäckermeister hofft. An zahlreichen Stellen wird offenbar, dass Gustl viel zu stark an seinem eigenen Leben hängt und den Schritt des Selbstmords nicht vollziehen möchte, auch wenn er im Rahmen seiner Normenwelt keine andere Wahl hat. Würde er schließlich dem von ihm so hoch eingestuften Ehrbegriff wirklich uneingeschränkt folgen, müsste er aus der Ehrverletzung eine klare Konsequenz ziehen, unabhängig davon, ob jemand davon erfährt oder nicht. Dies ist ihm zwischendurch durchaus kurzzeitig bewusst, was man beispielsweise an dem Zitat »heiliger Himmel, es ist doch ganz egal, ob ein anderer was weiß! … Ich weiß es doch, und das ist die Hauptsache!« (19,17 ff.) sehen kann.

(Arbeitsteilige) PA / UG

VORLAGE 6c ➤ S. 58

TAFELBILD 6 (Teil 2) ➤ S. 58

Problemlos möglich ist es, die ausgewählten Textstellen auf zwei Gruppen zu verteilen. So könnte die erste Gruppe die Textstellen bis einschließlich Seite 21 in Partnerarbeit erschließen, die andere den Rest. Im daran anknüpfenden Unterrichtsgespräch werden die Ergebnisse gesammelt und gemeinsam im TAFELBILD 6 (Teil 2) gesichert. Die Struktur des Tafelbilds (»Anspruch« vs. »Wirklichkeit«) sollte zu Beginn der Partnerarbeit bereits vorgegeben sein, damit sich die Lerngruppe daran orientieren kann.

VORLAGE 6c

Anspruch und Wirklichkeit der Standesehre Lieutenant Gustls

Arbeitsaufträge:

1. Lesen Sie die Seiten 12–16, 18–19, 21, 31, 34–36, 39–40 und 43–45 in *Lieutenant Gustl* (Reclam XL) nochmals und skizzieren Sie das darin erkennbare Standesdenken des k. u. k. Militärs.
2. Beurteilen Sie, inwieweit Lieutenant Gustl sich gemäß seines von ihm so hochgeschätzten Ehrbegriffs bewegt.
3. Stellen Sie den darin offensichtlich werdenden Ehrbegriff des österreichischen Militärs dar.

TAFELBILD 6 (Teil 2)

Ehre
bei Lieutenant Gustl und im k. u. k. Militär

[...]

Standesdenken und Ehrbegriff Lieutenant Gustls

Anspruch

- höhere Stellung als Normalbürger (12,17 f.)
- schlauer als Normalbürger (12,28 f.)
- Wunsch nach Krieg und wahrem Heldentum (12,31 ff.; 31,28 ff.; 40,4 ff.)
- Pflicht zur Verteidigung der militärischen Ehre (16,14 ff.)
- Meldung von Verfehlungen beim Vorgesetzten (18,9 ff.)
- Verantwortung für das eigene militärische Handeln (18,14 ff.; 21,12 ff.)
- Verlust der Satisfaktionsfähigkeit bei unehrenhaftem Verhalten (19,8 f.)
- würdevolles militärisches Verhalten in jeder Situation (34,17 ff.)
- Pflicht zum Suizid bei Ehrverlust (19,1–4)
- Ehrentod auf dem Schlachtfeld als Ziel (40,6 ff.)

Wirklichkeit

- großes Aggressionspotenzial (13,6 ff.; 45,23 ff.)
- unverschämtes Verhalten gegenüber Zivilisten (15,1–12)
- Angst vor schlechtem Bild in der Öffentlichkeit (15,27 ff.; 16,24 ff.)
- Umgehen der Folgen für das eigene Handeln (19,10–14)
- nur Furcht vor Ehrverlust in der Öffentlichkeit (15,5; 19,21–23; 21,5–8)
- Suche von Ausreden für eigenes Fehlverhalten (35,10–15)
- Wunsch nach eigenem Leben höhergestellt als Ehrverlust (35,28 f.; 36,32 ff.)
- selbstherrliches Verhalten (39,27–32)
- Scheinheiligkeit (43,19 ff.; 44,21 ff.)

- »Ich muss! Ich muss! Nein, ich will!« (39,18) ➤ Anspruch an einen guten Soldaten ist, dass er den Selbstmord selbst will, um seine verletzte Ehre zu sühnen; die Wirklichkeit ist aber das Müssen
- »... sonst hätt' ich mich ja ganz umsonst erschossen« (44,33 f.) ➤ Selbstmord nur wegen Angst vor Ehrverlust in der Öffentlichkeit und nicht wegen eigener, tieferer Überzeugung

➤ Enorme Diskrepanz zwischen Anspruch und Wirklichkeit der Standesehre

6.4 Der Ehrbegriff in *Lieutenant Gustl* und im k. u. k. Militär (fakultativ)

Unterrichtsschritt mit Erläuterungen. In der Analyse von Gero von Wilpert in *Lieutenant Gustl*, Reclam XL, S. 62–64, wird der Ehrbegriff in dem Werk differenziert untersucht und dargestellt. In Bearbeitung der Arbeitsaufträge der VORLAGE 6d ***Anspruch und Wirklichkeit der Standesehre Lieutenant Gustls*** können die Schülerinnen und Schüler nochmals vertieft nachvollziehen, dass Gustl durch den Zusammenstoß mit dem Bäckermeister an sich seine Ehre nach k.u.k. Recht verloren hat und damit satisfaktionsunfähig ist, aber infolge der Unwissenheit der Öffentlichkeit der Ehrverlust nicht zum Tragen kommt. Auf dieser Analyse aufbauend werden Rückschlüsse auf das Militär der k.u.k. Monarchie gezogen, die von den Schülerinnen und Schülern erkannt werden. Der Autor sieht in dem österreichischen Militärapparat der damaligen Zeit vor allem eine tief verwurzelte Scheinheiligkeit. Die Schülerinnen und Schüler verstehen so besser, warum man Arthur Schnitzler die »Offiziersehre« aberkannt hat.

EA / UG

VORLAGE 6d ➤ S. 59

TAFELBILD 6 (Teil 3) ➤ S. 59

VORLAGE 6d

Anspruch und Wirklichkeit der Standesehre Lieutenant Gustls

Lesen Sie: Gero von Wilpert, »Leutnant Gustl und seine Ehre« (*Lieutenant Gustl*, Reclam XL, S. 62–65).

Arbeitsaufträge:

1. Fassen Sie die zentralen Aussagen des Textes von Gero von Wilpert zusammen.
2. Ziehen Sie Rückschlüsse auf das Militär der k. u. k. Monarchie.
3. Erörtern Sie, was für und was gegen das Verhalten Gustls spricht.
4. Erläutern Sie, warum Arthur Schnitzler seine Offiziersehre aberkannt wurde.

TAFELBILD 6 (Teil 3)

Ehre
bei Lieutenant Gustl und im k. u. k. Militär

[…]

Lieutenant Gustl als typischer Vertreter des k. u. k. Militärs

- Anwendung des Ehrenkodexes nach eigenen Maßstaben mit Beugung des Rechts (Wilpert, S. 62, Z. 26 ff.)
- Überlebenswille stärker als die Konventionen des k. u. k. Militärs (Wilpert, S. 63, Z. 36 ff.)
- Ehre als »veräußerlichter Popanz« ohne das Innere des Menschen/Soldaten zu berühren (Wilpert, S. 63, Z. 45 ff.)
- Aggressionsbereitschaft und Wille zur Brutalität unter dem Deckmantel scheinbarer Ehrenhaftigkeit (Wilpert, S. 64, Z. 81 ff.)
- »Ehre« als leerer Begriff ohne Verständnis für deren tatsächliches Wesen (Wilpert, S. 64, Z. 108)

6.5 Transfer: Der Ehrbegriff im US-Militär (fakultativ)

Unterrichtsschritt. Anhand eines Ausschnitts aus dem Kinofilm *Eine Frage der Ehre* (von Rob Reiner, 1992; youtu.be/4_LfaoMZm1E, Stand 19.7.2019) vollziehen die Schülerinnen und Schüler einen Sprung in die heutige Zeit und setzen sich mit dem Ehrbegriff in der US-Armee der Gegenwart auseinander. Sie erkennen, dass es Diskrepanzen zwischen Anspruch und Wirklichkeit im Militär auch heute noch gibt. Weil durch Kinofilme und die Presse Vorwissen über US-Soldaten vorhanden ist, bietet sich die Verknüpfung mit den USA gut an. Die Schülerinnen und Schüler erkennen, dass in diesem Filmausschnitt der Ehrbegriff ebenfalls höhergestellt wird als Wahrheit oder Menschenleben und dass zur Bewahrung dieser Militärehre auch Un-

UG

Video (online)

menschlichkeiten verheimlicht werden. Wie in *Lieutenant Gustl* wird der Schein nach außen gewahrt, während Verhältnisse im Inneren in den Deckmantel der Verschwiegenheit gehüllt sind. Die Parallelen zu *Lieutenant Gustl* können ausgearbeitet werden. Abschließend kann darüber diskutiert werden, was sich die Schülerinnen und Schüler unter dem heutigen Ehrbegriff vorstellen und welche Wichtigkeit sie diesem zugestehen würden.

Erläuterungen zum Film. *Eine Frage der Ehre*, ein Kinoschlager aus dem Jahr 1992 mit Tom Cruise und Jack Nicholson, handelt vom Schein und Wirklichkeit im US-Militär. Der US-Marine William T. Santiago wird von seinen Mitsoldaten Lance Cpl. Harold W. Dawson und Louden Downey gefesselt. Anschließend wird ihm ein Tuch in den Mund gestopft, wodurch er verstirbt. Wegen Mordes werden die beiden Täter angeklagt und dabei von dem Militäranwalt Lt. Daniel Kaffee (Tom Cruise) verteidigt. Nach einer gewissen Zeit vermutet der Anwalt hinter der Tat einen »Code Red«, eine von Offizieren angeordnete Strafaktion, der Santiago zum Opfer fiel. Der Anwalt versucht von dem diensthabenden Kommandanten in Guantanamo, Nathan Jessup (Jack Nicholson), die Wahrheit zu erfahren, als dieser im Zeugenstand sitzt. In diesem Verhör schafft er es, die Scheinwelt des US-Militärs zu entlarven, den Begriff der Ehre infrage zu stellen und schließlich den Kommandanten als Verantwortlichen zu überführen.

In dem Filmausschnitt sieht man, wie der diensthabende Kommandant sich im Zeugenstand zu Aussagen über Ehre und Pflichtgefühl hinreißen lässt, die Abgründe im US-Militär offenlegen: Für ihn stehen Ehre und Loyalität über der Wahrheit und damit der Menschlichkeit. Der Kommandant offenbart eine grundlegende Selbstüberhöhung des Militärstandes, der alle menschlichen Konventionen und sogar das menschliche Leben untergeordnet werden müssen.

Es muss von der Lehrkraft darauf hingewiesen werden, dass es sich bei *Eine Frage der Ehre* – wie bei *Lieutenant Gustl* – um Fiktion handelt und dementsprechend keine realen Ereignisse zu sehen sind.

Näheres zum Film siehe de.wikipedia.org/wiki/Eine_Frage_der_Ehre (Stand: 21.7.2019).

Leitfragen:

1. Erläutern Sie das Bild von Ehre und Loyalität, das in dem Filmausschnitt aus *Eine Frage der Ehre* sichtbar wird.
2. Vergleichen Sie den dargestellten Ehrbegriff im US-Militär mit dem Ehrbegriff in der k. u. k. Armee.
3. Diskutieren Sie, wie man den Begriff Ehre für die heutige Lebenswelt definieren könnte und welchen Stellenwert dieser einnimmt.

Hausaufgabe

Verfassen Sie einen Kommentar, in dem Sie die Bedeutung des Ehrbegriffs in unserer heutigen Lebenswelt erörtern.

7 Judenhass – Der Antisemitismus in der österreichischen Armee um 1900

Sachanalyse

Seit Jahrhunderten flammt der Judenhass in verschiedenen Ausprägungen und Regionen immer wieder auf. Bereits im Mittelalter wurden bekanntlich die Juden häufig aus den »ehrbaren« Berufsfeldern ausgeschlossen und mussten sich in die »unehrliche« Sparte des Geldverleihens begeben. Auch wurden sie häufig für allerlei unliebsame Erscheinungen und Probleme verantwortlich gemacht, waren deswegen Pogromen ausgesetzt und wurden vertrieben. Ein Beispiel sind die Vorwürfe, sie hätten die Brunnen vergiftet und dadurch die mittelalterlichen Pestwellen hervorgerufen. Die Motive für Judenfeindlichkeit sind vielfältig und reichen von religiösen (»Gottesmörder«) bis wirtschaftlichen Begründungen (Neid auf wirtschaftlichen Erfolg). Stets beruhen sie auf Vorurteilen, Klischees und tief verwurzelten Ressentiments. Der Begriff »Antisemitismus« wurde im Jahr 1879 erstmals im deutschsprachigen Raum verwendet.

In diesem verbreiteten antisemitischen Denken gründet auch die Sichtweise Lieutenant Gustls. Gerade in der k.u.k. Armee scheint sich der Antisemitismus um 1900 noch verstärkt zu haben. Indem man sich selbst als ehrenhaften österreichischen Soldaten sah und für sich Sonderrechte einforderte, wurde die Fallhöhe zu den als unehrenhaft angesehenen Juden höher. Immer wieder bringt Gustl wie selbstverständlich antisemitische Ansichten zur Sprache.

Erstmals kommt er darauf zu sprechen, als er im Hinblick auf seinen Nebenbuhler bei Steffi auf Grund zweier Merkmale, schwarzer Schnurrbart und Arbeiten in einer Bank, sicher ist: »Muss übrigens ein Jud' sein!« (9,12). Deutlich erkennbar wird hier das Stereotyp des visuellen Judenbildes, die Auffassung, dass durch äußere Merkmale wie Haarfarbe oder Nase die Zuordnung zu dieser Religionsgemeinschaft getroffen werden kann. Noch extremer zeigt sich dies, als Gustl beim Hinausgehen aus den Sitzrängen des Oratoriums auf eine für ihn ansprechende Frau trifft: »Elegante Person … ob das echte Brillanten sind? … Die da ist nett … Wie sie mich anschaut! … O ja, mein Fräulein, ich möcht' schon! … O, die Nase! – Jüdin …« (14,3 ff.). Obwohl sich Gustl von der Frau angezogen fühlt, lässt er schlagartig von diesen Gedanken ab, als er sie anhand einer an den Haaren herbeigezogenen Äußerlichkeit in die Gruppe der Juden einordnet. Die Schülerinnen und Schüler werden diese Vorurteile unmittelbar mit den rassekundlichen Kategorisierungsversuchen im ›Dritten Reich‹ in Verbindung bringen.

Auch bei Gustl wird ein wichtiger Faktor der Judenfeindschaft klar erkennbar: Neid. Er ordnet seinen Nebenbuhler als Jude ein und bekommt dadurch für sich eine zusätzliche Legitimation, diesen negativ zu beurteilen. Darüber hinaus ist dieser noch Reserveleutnant, ist somit nicht nur auf sexuellem Gebiet, sondern auch beruflich ein Konkurrent. Dass Juden Offiziere werden konnten, ist für Gustl ebenfalls nicht nachvollziehbar: »Überhaupt, dass sie noch immer so viel Juden zu Offizieren machen – da pfeif ich auf'n ganzen Antisemitismus!« (9,15 ff.).

Man spürt an dieser Aussage, wie gesellschaftlich anerkannt die Judenfeindlichkeit in dieser Zeit in Österreich war. Ein Höhepunkt waren die so genannten »Waidhofener Beschlüsse« 1896, eine Vereinbarung völkischer Studentenverbindungen, die den Juden generell das Recht zur Satisfaktion absprach und ihnen somit die Teilnahme an Duellen verbot.

Bei näherem Hinsehen absurd und von Schnitzler mit bewusster Ironie versetzt ist Gustls Beschwerde über die Besucher des Oratoriums: »Es ist doch fabelhaft, da sind auch die Hälfte Juden … nicht einmal ein Oratorium kann man mehr in Ruhe genießen …« (14,6 ff.). Dass der Komponist des Oratoriums Felix Mendelssohn Bartholdy ist, selbst aus jüdischer Familie stammend (wenn auch getauft), weiß der ungebildete Gustl nicht, sonst hätte er sich wohl auch das Lob für den Schlusschor gespart: »Wunderschön, da kann man gar nichts sagen. Wunderschön!« (13,11 f.).

Gustl zeigt sich jedoch im Antisemitismus ähnlich flexibel wie bei seinem Ehrbegriff. An ein gesellschaftliches Ereignis bei den Mannheimers, einer ehemals jüdischen Familie, die mittlerweile getauft und damit assimiliert ist, erinnert er sich gern, obwohl er dort den Doktor, den er zum Duell gefordert hat, getroffen hat. Grund ist die Sympathie für die Frau des Hauses: »so blond, bildhübsch die Figur« (9,21 f., vgl. 27,20 ff.), auch wenn er sich einen Seitenhieb auf den Reichtum – ein antisemitisches Stereotyp – nicht verkneifen kann. Frau Mannheimer entspricht, anders als die Dame im Oratorium, nicht dem visuellen jüdischen Stereotyp. Dies zeigt die Absurdität des Antisemitismus in der k.u.k. Armee, was von Arthur Schnitzler, dem Sohn eines jüdischen Arztes, offenbar auch bewusst so intendiert ist.

Unterrichtsverlauf

Überblick. Anknüpfend an die Lebenswelt der Schülerinnen und Schüler wird zum Begriff »Antisemitismus« hingeleitet, indem antisemitische Tendenzen in deutschem Rap beleuchtet werden. Dann setzen sich die Schülerinnen und Schüler mit einer Antisemitismus-Definition auseinander, bevor sie konkret Lieutenant Gustls judenfeindliche Ansichten untersuchen. Sie erkennen die Irrationalität seines Judenbildes sowie dessen Inkonsequenz und erarbeiten so Schnitzlers Kritik am Antisemitismus. Vertiefend erschließen die Schülerinnen und Schüler einen Erfahrungsbericht Schnitzlers zum Antisemitismus und interpretieren eine Karikatur zum Thema. ! **Verkürzter Verlauf: 7.1 – 7.3 – 7.4 – 7.5**

Phase	Thema	Sozialform	Kompetenzen und Lernziele	Materialien
Voraussetzungen: Kenntnis des gesamten Werks				
7.1	Einstiegsphase: Antisemitische Züge in deutschem Rap	UG	• Anknüpfen an Lebenswelt der Schülerinnen und Schüler • Auseinandersetzung mit dem Thema Antisemitismus • Eigenes Vorwissen aufgreifen	Video (online)
7.2 **fakultativ**	Hintergrund: Was bedeutet Antisemitismus?	EA / UG	• Antisemitismus-Definition nachvollziehen • Unterschiedliche antisemitische Vorwürfe und das daraus folgende Verhalten verstehen • Antisemitisches Vorgehen entschlüsseln	ARBEITSBLATT 7a ➤ S. 68
7.3	Der Antisemitismus Lieutenant Gustls	PA	• Grundlagen des Judenbilds Gustls erschließen • Die Irrationalität dahinter erkennen • Gründe für Gustls Antisemitismus deuten	VORLAGE 7a ➤ S. 63 TAFELBILD 7a (Teil 1) ➤ S. 64
7.4	Zwiespältigkeit der antisemitischen Sichtweisen Lieutenant Gustls	UG	• Absurdität antisemitischer Vorurteile verstehen • Opportunistisches Verhalten Gustls begreifen	TAFELBILD 7a (Teil 2) ➤ S. 64
7.5	Schnitzlers Erfahrungen mit Antisemitismus	EA / UG	• Einblicke in antisemitische Tendenzen in Wiener Studentenschaft erlangen • Das in dem Waidhofener Beschluss erkennbare Judenbild deuten • Folgen dieser antisemitischen Tendenzen erläutern	ARBEITSBLATT 7b ➤ S. 70 (Reclam XL, Anhang S. 66 f.) TAFELBILD 7b ➤ S. 65
7.6 **fakultativ**	Vertiefung: Antisemitische Tendenzen in der Wiener Gesellschaft um 1900 anhand einer Karikatur	UG	• Kenntnisse der vorher gezeigten antisemitischen Tendenzen um die Jahrhundertwende vertiefen • Karikatur analysieren und interpretieren	VORLAGE 7b ➤ S. 66
HA	Karikatur zeichnen oder Essay schreiben			

7.1 Einstiegsphase: Antisemitische Züge in deutschem Rap

UG

Video (online)

Unterrichtsschritt. Mit dem Videobeitrag von Mirko Drotschmann (»Antisemitischer Rap? | Kollegah | Farid Bang | musstewissen Geschichte«, youtu.be/AZk27OfEp_U, Stand: 22.7.2019), der sich mit deutschsprachigem, antisemitischem Rap aus dem Jahr 2017/18 befasst, wird zu Beginn der Stunde ein schülernaher Lebensweltbezug des Themas »Antisemitismus« hergestellt. Die Schülerinnen und Schüler setzen sich mit judenfeindlichen Tendenzen in der heutigen Zeit auseinander, berichten aus ihren Erfahrungen und greifen auf ihr Hintergrundwissen zur Thematik Judenfeindlichkeit zurück. Sie diskutieren, wie sie zu den Aussagen Mirko Drotschmanns stehen, wo sie ihm zustimmen und was sie anders sehen.

Erläuterungen zum Video. Die beiden Deutschrapper Farid Bang und Kollegah haben 2018 den Echo, den wichtigsten deutschen Musikpreis, mit einem Album gewonnen, das antisemitische und menschenverachtende Tendenzen enthält. Besonders die Liedzeile »mein Körper definierter als von Auschwitz-Insassen« rief in der Öffentlichkeit starke Kritik hervor. Die Verleihung des Musikpreises Echo, die es seit 1992 gab, an die beiden Rapper löste einen Skandal aus, der schließlich zur Abschaffung des Preises führte. Etliche Musiker hatten zuvor ihre eigenen Echo-Preise aus Protest zurückgegeben. Rap darf hart sein, das ist Mirko Drotschmanns Meinung in diesem Video. Aber es gibt bei Antisemitismus und Fremdenfeindlichkeit Grenzen, die eingehalten werden sollten.

Wird der folgende fakultative Unterrichtsschritt 7.2 ausgelassen, sollte am Schluss des Unterrichtsgesprächs eine kurze Klärung stehen, was Antisemitismus ist. In der Regel wird man auf Vorwissen der Lerngruppe zurückgreifen können.

Leitfragen:
1. Diskutieren Sie, welchen Aussagen Mirko Drotschmanns Sie zustimmen und welche Sie eher kritisch beurteilen.
2. Erörtern Sie, wo Sie die Grenzen der Kunstfreiheit sehen.
3. Beziehen Sie Ihr Hintergrundwissen zur Geschichte des Antisemitismus mit ein und klären Sie den Begriff.

7.2 Hintergrund: Was bedeutet Antisemitismus? (fakultativ)

EA / UG

Unterrichtsschritt mit Erläuterungen. Die Schülerinnen und Schüler befassen sich mit dem Begriff »Antisemitismus« und lernen die Facetten der antisemitischen Weltanschauung kennen, indem sie das ARBEITSBLATT 7a ***Werner Bergmann: »Was heißt Antisemitismus?«*** bearbeiten. Sie verstehen historische Wurzeln des Antisemitismus und erklären die Bedeutung der »nationalen Nicht-Identität« der Juden. Im Anschluss daran finden sie auf Basis ihres Hintergrundwissens oder durch Recherche im Internet Beispiele für gegenwärtige antisemitische Propaganda, in der angeblich destruktives jüdisches Treiben ›entlarvt‹ wird.

ARBEITSBLATT 7a
➤ S. 68

Im Unterrichtsgespräch werden Definitionsvorschläge vorgetragen und gegebenenfalls verbessert. Hier können auch aktuelle Tendenzen aufgegriffen und deren Gefahren diskutiert werden.

7.3 Der Antisemitismus Lieutenant Gustls

PA

Unterrichtsschritt mit Erläuterungen. In Textarbeit erschließen die Schülerinnen und Schüler mit Hilfe der VORLAGE 7a ***Der Antisemitismus Lieutenant Gustls*** das Judenbild Lieutenant Gustls. Dabei erkennen sie die grundlegende Irrationalität, die für Gustls Antisemitismus typisch ist, und erschließen Neid als Hauptmotiv für die abwertende Behandlung von (vermeintlichen) Juden. Abschließend beurteilen sie Lieutenant Gustls Sicht des Judentums und beziehen in ihre Ausführungen mit ein, in welchem Maß Gustls Verhalten und Meinung von geltenden gesellschaftlichen Normen geprägt ist.

VORLAGE 7a
➤ S. 63
TAFELBILD 7a
(Teil 1)
➤ S. 64

VORLAGE 7a

Der Antisemitismus Lieutenant Gustls

Lesen Sie die Abschnitte in *Lieutenant Gustl*, Reclam XL, S. 9, Z. 1–17 und S. 14, Z. 1–20.

Arbeitsaufträge:
1. Interpretieren Sie, welche Rückschlüsse aus Lieutenant Gustls innerem Monolog auf dessen prinzipielles Judenbild gezogen werden können.
2. Deuten Sie die Gedanken Lieutenant Gustls bezüglich seines Nebenbuhlers. Überlegen Sie, was der Auslöser für diese Gedanken ist.
3. Beurteilen Sie Lieutenant Gustls Sicht des Judentums.

TAFELBILD 7a (Teil 1)

Das Judenbild Lieutenant Gustls

<u>Motive für Gustls Zuordnung zum Judentum</u>

- optische Auffälligkeiten (schwarzer Schnurrbart, Nase)
- berufliche Merkmale (Bankwesen)

➤ rein äußerliche Kennzeichen ohne Kenntnis der Person

Irrationaler Antisemitismus

Auslöser dafür:
<u>Neid</u>

- auf sexuelle Befriedigung
- auf militärische Aufstiegsmöglichkeiten (leichter durch Geldzahlungen)
- auf Reichtum
- auf ›ungerechtfertigte‹ Vorteile: Juden als Reserveoffiziere und Oratoriumsbesucher

7.4 Zwiespältigkeit der antisemitischen Sichtweisen Lieutenant Gustls

UG

TAFELBILD 7a (Teil 2)

➤ S. 64

Unterrichtsschritt mit Erläuterungen. Gemeinsam wird die Textstelle *Lieutenant Gustl*, Reclam XL, 9,17–23, gelesen. Die Schülerinnen und Schüler erschließen daraus, wie flexibel Lieutenant Gustl in seinem Antisemitismus ist: Das äußere Merkmal des Reichtums der jüdischen Familie Mannheimer passt an sich ins Bild, allerdings findet Gustl die Frau attraktiv: »blond« und »bildhübsch« (9,21), und profitiert von der Freundschaft mit den Mannheimers. Daher akzeptiert er sie als Bekanntschaft. Dass sie sich haben taufen lassen, nimmt er als Entschuldigung für seine positive Beurteilung der Mannheimers, wobei dies in anderen Fällen sicherlich nicht gereicht hätte, die Juden zu akzeptieren.

Im Anschluss daran werden die Textstellen 9,24–29, 13,10–12 und nochmals 14,6–8 gemeinsam gelesen. Die Schülerinnen und Schüler registrieren einerseits die Freude, die Gustl zumindest am Ende am Oratorium empfindet, und andererseits ihre Beeinträchtigung, die Gustl angesichts von angeblich so vielen anwe-

TAFELBILD 7a (Teil 2)

Das Judenbild Lieutenant Gustls

[...]

UND

<u>Wandelbarer Antisemitismus Gustls</u>

- Akzeptanz von Juden bei eigenen Vorteilen
- mit inkonsistenten Begründungen: Definition über Religionszugehörigkeit (getauft) oder Rasse / körperliche Merkmale (Nasenform)?
- mit inkonsistenten Beobachtungen (Jüdin und »blond«?), die aber nicht reflektiert werden

grundlegende Inkonsequenzen in den antisemitischen Anschauungen

senden Juden erlebt. Die Lehrkraft gibt danach die Information, dass Gustl, ohne es zu wissen, das Oratorium *Paulus* des ursprünglich jüdischen (aber getauften) Komponisten Felix Mendelssohn Bartholdy gehört hat, was Gustls Einschätzung der Musik und dessen Beschwerde über die vielen Juden im Konzert ironisch relativiert und ad absurdum führt.

Leitfragen:
1. Fassen sie Auffälligkeiten von Gustls Beurteilung in den Textstellen 9,17–23, 9,24–29, 13,10–12 und 14,6–8 zusammen.
2. Interpretieren Sie Gustls Verhalten.

7.5 Schnitzlers Erfahrungen mit Antisemitismus

Unterrichtsschritt. In Einzelarbeit lesen die Schülerinnen und Schüler den Erfahrungsbericht Arthur Schnitzlers zu Antisemitismus in seinem Wiener Umfeld und bearbeiten die Arbeitsaufträge (ARBEITSBLATT 7b ***Arthur Schnitzler: »Jugend in Wien«***, auch in: *Lieutenant Gustl*, Reclam XL, S. 66 f.). Sie vollziehen nach, wie am Ende des 19. Jahrhunderts in der Gesellschaft und der Studentenschaft an sich gut integrierte junge Männer auf Grund ihrer jüdischen Abstammung immer mehr aus offiziellen Verbindungen ausgeschlossen wurden. Besonders interessant ist hierbei, dass die Keimzelle dieses Antisemitismus eine gebildete, junge Bürgerschicht ist. Den Waidhofener Beschluss deuten die Schülerinnen und Schüler und erschließen das darin erkennbare Judenbild.

Im anschließenden Unterrichtsgespräch werden die Ergebnisse gesammelt und im TAFELBILD 7b gesichert.

EA / UG

ARBEITSBLATT 7b
➤ S. 70

TAFELBILD 7b
➤ S. 65

TAFELBILD 7b

Antisemitismus in Wien am Ende des 19. Jahrhunderts

- Ausgrenzung von Studenten jüdischer Abstammung aus Verbindungen
- Gewalttätige Zusammenstöße zwischen judenfeindlichen Burschenschaften und von Juden geprägten Gruppierungen
- In Studentenkreisen Aberkennung der Satisfaktionsfähigkeit von Juden
- Einstufung der Juden als grundsätzlich unehrenhaft

➤ Antisemitische Tendenzen im gebildeten, jungen Bürgertum immer stärker verbreitet
➤ Auslöser für Antisemitismus oft Neid (hier: auf die kämpferisch überlegenen Juden)
➤ Ausbreitung der Judenfeindlichkeit auf andere öffentliche Bereiche

7.6 Vertiefung: Antisemitische Tendenzen in der Wiener Gesellschaft um 1900 anhand einer Karikatur (fakultativ)

Unterrichtsschritt. Anhand der VORLAGE 7b ***Antisemitische Karikatur aus dem »Kikeriki« von 1883*** analysieren und interpretieren die Schülerinnen und Schüler antisemitische Tendenzen in der deutsch-österreichischen Gesellschaft Ende des 19. Jahrhunderts. Sie erkennen die stereotype Gestaltung der Juden, ihnen fällt aber auch auf, dass die Juden hier ungewöhnlich arm dargestellt werden. Beim Interpretieren erläutern sie einerseits, welches Judenbild der Wiener Gesellschaft vermittelt werden soll. Andererseits erinnern sie sich, eventuell durch Hinweis der Lehrkraft, dass den Juden die Ausübung ehrenhafter, auch bäuerlicher Arbeiten, jahrhundertelang verboten waren, was erst Mitte des 19. Jahrhunderts aufgehoben wurde.

UG

VORLAGE 7b
➤ S. 66

Erläuterungen. Die Karikatur aus der Wiener Satirezeitschrift *Kikeriki* macht deutlich, welche Vorstellungen von Juden in der deutsch-österreichischen Bevölkerung um die Jahrhundertwende 1900 verbreitet waren. Sie zeigt einen robusten Landwirt, der drei Juden zum Dreschen überreden will. Das Äußere der drei Juden erfüllt die in der Gesellschaft verbreiteten Anschauungen: Sie sehen ausgemergelt aus, besitzen eine sehr markante Nase und

VORLAGE 7b

Antisemitische Karikatur aus dem *Kikeriki* von 1883

Probire es doch ein Landwirth, drei Juden, seien sie noch so arm, zu dem leicht erlernbaren Dreschen zu bewegen. – »Püh!« werden sie sagen, »wie kümmen sie uns vor? San mer Hausknecht? Wissen Sie was, Herr v. Wazlawek, was Sie soll'n thun, wenn Sie uns woll'n geben a Arbeit? Wir wer'n Ihnen bringen den Perlhefter*, der Ihnen abkauft das Getreid', und Sie wer'n uns zahl'n a klane Provision!«

Kikeriki. Humoristisches Volksblatt. 23. Jg. Heft 73. 13. September 1883. S. 2. – ÖNB Wien: 399.875-D, 13.9.1883, S. 2.

* Perlhefter: steht für jüdischen Kaufmann.

schwarze Haare. Die abwehrende Haltung gegenüber der Drescharbeit trotz ihrer offensichtlichen Armut – sichtbar an der geflickten Kleidung – wird deutlich. Hier liegt auch ein Unterschied in der normalerweise stereotypen Judendarstellung: die Juden scheinen arm zu sein. Dies ist ein neuer Blickwinkel, denn auch ärmere Juden hat es im Wien des späten 19. Jahrhunderts durchaus zahlreich gegeben.

Aber dadurch wird die Fallhöhe in der Interpretation sogar noch gesteigert. Obwohl es den drei Juden – im Gegensatz zum wohlhabenden Bauern – finanziell nicht gut geht, weigern sie sich, die als ehrbar geltende bäuerliche Handarbeit anzunehmen und strecken abwehrend ihre Hände in die Höhe. Der unter der Karikatur stehende Text macht deutlich, dass sie durch Handel Gewinn machen wollen. Es wird somit suggeriert, dass die Juden, egal in welcher Lebenslage sie sind, nur auf ihre finanziellen Vorteile schauen, ohne ehrenhaft dafür zu arbeiten. Zusätzlich wird auch durch ihre dunkle Kleidung und fast schon abschreckende Gestalt eine grundlegende Abneigung und sogar Angst vor jüdischen Bevölkerungsgruppen geschürt.

Wichtig ist in diesem Zusammenhang, dass in Österreich erst 1871 per Gesetz die rechtliche Gleichstellung, die sog. jüdische Emanzipation, ihren Abschluss fand. Damit war den Juden erstmals seit Jahrhunderten der freie Zugang zu allen Berufszweigen erlaubt.

Die 1861 gegründete Wiener Satire-Zeitschrift *Kikeriki*, die zunächst eher liberal ausgerichtet war, veröffentlichte gegen Ende des 19. Jahrhunderts immer mehr antisemitische Darstellungen und stand schließlich den deutschen Nationalsozialisten nahe.

Leitfragen:
1. Analysieren und interpretieren Sie die Karikatur und beziehen Sie auch den darunterstehenden Text mit ein.
2. Beziehen Sie die Lage der Juden Ende des 19. Jahrhunderts mit ein.

Hausaufgabe

Zeichnen Sie eine Karikatur, in der Sie Lieutenant Gustls oberflächliche und stupide Vorurteile gegenüber schwächeren gesellschaftlichen Gruppen der damaligen Zeit thematisieren und als irrwitzig darstellen.

Werner Bergmann: »Was heißt Antisemitismus?«

»Der Begriff Antisemitismus bezeichnet heute alle historischen Erscheinungsformen der Judenfeindschaft, obwohl er erst 1879 geprägt wurde, um eine neue Form einer sich wissenschaftlich verstehenden und rassistisch begründeten Ablehnung von Juden zu begründen. In dieser Wortneuschöpfung drückt sich eine veränderte Auffassung von den Juden aus, die nun nicht mehr primär über ihre Religion definiert werden, sondern als Volk, Nation oder Rasse.

[...] Der sich Ende des 19. Jahrhunderts entwickelnde moderne Antisemitismus sah die Juden nicht einfach als Fremde, wie andere zugewanderte Angehörige einer anderen Nation, sondern als diejenigen, die sich dem nationalstaatlichen Schema nicht fügten: die Juden standen außerhalb der nationalen Ordnung der Welt, sie waren zugleich innen und außen und verkörperten so das Gegenprinzip: ›nationale Nicht-Identität‹ (Klaus Holz). Die Juden waren etwas Unklassifizierbares, das in einer in Nationen aufgeteilten Welt ein zu bekämpfendes nicht-nationales Vakuum darstellte, weil es die zweiwertige Logik von Freund/Feind, Innen/Außen sprengt. Juden haben ›keine nationale Identität wie die Wir-Gruppe und alle anderen (normalen) Völker‹, denn sie sind Deutsche, Polen, Amerikaner usw. und zugleich gehören sie dem ›Volk der Juden‹ an, bilden also keine bloße Konfession. [...]

Es handelt sich beim Antisemitismus also nicht bloß um Xenophobie [Fremdenangst, -feindschaft] oder um ein religiöses und soziales Vorurteil, das es gegenüber Juden auch gibt, sondern um ein spezifisches Phänomen: eine antimoderne Weltanschauung, die in der Existenz der Juden die Ursache sozialer, politischer, religiöser und kultureller Probleme sieht. Entsprechend wurden und werden bestimmte moderne politische Strömungen und Ordnungen (Liberalismus, Kommunismus, Demokratie, übernationale Organisationen) oder wirtschaftliche Entwicklungen (Finanzkapitalismus, Globalisierung) als Erfindungen ›jüdischen Geistes‹ betrachtet, die den anderen Nationen als etwas Fremdes aufgezwungen werden.

Für einen Antisemiten können Juden in den Gesellschaften, in denen sie leben, ihre Destruktivität in mehrfacher Hinsicht ausüben:

a) in religiös-kultureller Hinsicht etwa durch Säkularisierung (Verweltlichung), d.h. durch das Herauslösen von Gruppen aus den religiösen und kirchlichen Bindungen und durch die Gefährdung der nationalen Kultur durch Einführung universalistischer Werte. Juden gelten als Vertreter des Abstrakt-Gesellschaftlichen, von universalen Prinzipien, von Geldwirtschaft, eigennützigem Materialismus, Atheismus, schrankenloser Sexualität, der Vermischung von Völkern und ›Rassen‹ (z.B. durch Zuwanderung). Damit stehen sie im Widerspruch zur nationalen Gemeinschaft, deren vertraute, traditionelle und harmonische Lebensformen sie auf diese Weise zerstören.

b) in ökonomischer Hinsicht durch finanzielle Ausbeutung, internationale Finanzmanipulationen, Vorantreiben der Globalisierung usw. Juden fungieren hier als Personifikation von Macht. Als Beherrscher der Massenmedien und Finanzmärkte werden sie für ein verschwörungstheoretisches Denken zu den Urhebern krisenhafter Entwicklungen, die sie zu ihrem Nutzen inszenieren.

c) in politischer Hinsicht durch Verrat an äußere Feinde, als revolutionäre Kraft, indem sie die Politik und Medien des Landes kontrollieren oder indem sie Unfrieden unter den Völkern stiften. Juden nehmen hier die ›Figur des Dritten‹ ein, der die nationale Ordnung der Welt sprengt und sich nicht eindeutig als Nation, Volk, Rasse oder Religion definieren lässt, sondern eine weltumspannende Gruppe in anderen Nationen darstellt. Sie gelten damit als ›Störenfriede‹ und sind für die Konflikte in und zwischen den Nationen verantwortlich. Juden gelten als Feinde der Humanität. Mit ihnen ist ein Zusammenleben nicht möglich, da sie einen Ausbeutungs- und Unterdrückungskrieg gegen alle Völker führen.

d) in moralischer Hinsicht, indem sie ihre Rolle als Opfer von Verfolgung und Diskriminierung (insbesondere im Holocaust) nutzen, um andere Nationen zu diskreditieren, um Entschädigungsforderungen zu erheben oder um Regierungen unter Druck zu setzen. Das Argumentationsmuster der Täter-Opfer-Umkehr dient nicht erst seit dem Holocaust dazu, Schuldgefühle abzuwehren und die eigenen Verbrechen zu relativieren, die Juden als die Aggressoren zu kennzeichnen und den eigenen Antisemitismus als Notwehrreaktion zu legitimieren.

Da diese ›Machenschaften‹ der Juden nach Meinung des Antisemiten verdeckt geschehen, gehört der Gestus des Entlarvens zum Kern antisemitischer Kommunikation, die sich dabei selbst häufig in die Form von Codes, Chiffren, Anspielungen, Mutmaßungen und Gerüchten kleidet (eine bekannte Definition des Antisemitismus nennt ihn das ›Gerücht über die Juden‹), um nicht mit der angeblichen jüdischen Macht zu kollidieren, zumal die Antisemiten sich immer in der Defensive wähnen und ihren Antisemitismus als einen berechtigten Abwehrkampf verstehen.«

Werner Bergmann: Was heißt Antisemitismus (27.11.2006). In: www.bpb.de/politik/extremismus/antisemitismus/37945/antisemitismus?p=all (Stand: 22.7.2019).

Arbeitsaufträge:

1. Stellen Sie die beschriebenen Formen antisemitischer Vorwürfe dar und erläutern sie diese.
2. Erklären Sie, was mit »nationaler Nicht-Identität« der Juden gemeint ist.
3. Verfassen Sie in maximal 75 Wörtern eine Kurzdefinition des Begriffs »Antisemitismus«.

*4. Finden Sie Beispiele aus der heutigen Zeit und der Geschichte, die die Aussage »der Gestus des Entlarvens [gehört] zum Kern antisemitischer Kommunikation« belegen. Greifen Sie dabei auf Ihr Hintergrundwissen zurück und suchen Sie auch Beispiele im Internet oder anderen Medien. Diskutieren Sie die daraus entstehenden Gefahren.

Arthur Schnitzler: *Jugend in Wien*

»Im Riedhof hatten wir einen Stammtisch, an dem Louis Mandl und ich selten fehlten; auch Armin Petschek, ein braver, tüchtiger Kollege, […] sowie der fleißige und gefällige Sigmund Dynes […] nahmen meist an dem gemeinsamen Mittagessen teil; und als einziger Zivilist Theodor Friedmann, […] von dem mir aus der damaligen Zeit eine Äußerung, nicht so sehr durch ihre Bedeutung als durch den Eindruck, in Erinnerung geblieben ist, den sie auf uns Tischgenossen hervorbrachte. Es war vom Duell die Rede, und wir alle, ohne uns gerade als prinzipielle Anhänger dieser Sitte zu fühlen, betonten aus unserem Studententum heraus und mehr noch als Einjährig-Freiwillige und künftige Reserveoffiziere unsere Bereitschaft, erforderlichenfalls ritterliche Satisfaktion zu geben. Nur Theodor erklärte, dass er sich unter keiner Bedingung schlagen würde, und zwar einfach darum, wie er auf unsere Frage lächelnd erwiderte, weil er feige sei. […] Die Frage war damals für uns junge Leute, namentlich für uns Juden, sehr aktuell, da der Antisemitismus in den studentischen Kreisen immer mächtiger emporblühte. Die deutschnationalen Verbindungen hatten damit begonnen, Juden und Judenstämmlinge aus ihrer Mitte zu entfernen; gruppenweise Zusammenstöße während des sogenannten ›Bummels‹ an den Samstagvormittagen, auch an den Kneipabenden, auf offener Straße zwischen den antisemitischen Burschenschaften und den freisinnigen Landsmannschaften und Corps, deren einige zum großen Teil aus Juden bestanden (rein jüdische schlagende Verbindungen gab es damals noch nicht), waren keine Seltenheit; Herausforderungen zwischen Einzelpersonen in Hörsälen, Gängen, Laboratorien an der Tagesordnung. Nicht allein unter dem Zwang dieser Umstände hatten sich viele unter den jüdischen Studenten zu besonders tüchtigen und gefährlichen Fechtern entwickelt; müde, die Unverschämtheit und die Beleidigungen der Gegenseite erst abzuwarten, traten sie ihrerseits nicht selten provozierend auf, und ihre immer peinlicher zutage tretende Überlegenheit auf der Mensur war gewiss die Hauptursache des famosen Waidhofener Beschlusses[1], mittels dessen die deutsch-österreichische Studentenschaft die Juden ein für allemal als satisfaktionsunfähig erklärte. Der Wortlaut dieses Dekretes soll an dieser Stelle nicht übergangen werden. Er lautete folgendermaßen: ›Jeder Sohn einer jüdischen Mutter, jeder Mensch, in dessen Adern jüdisches Blut rollt, ist von Geburt aus ehrlos, jeder feineren Regung bar. Er kann nicht unter-

1 Wohl der Beschluss des »Waidhofener Verbandes der Wehrhaften Vereine Deutscher Studenten in der Ostmark« vom 11. März 1893.

scheiden zwischen Schmutzigem und Reinem. Er ist ein ethisch tiefstehendes Subjekt. Der Verkehr mit einem Juden ist daher entehrend; man muss jede Gemeinschaft mit Juden vermeiden. Einen Juden kann man nicht beleidigen, ein Jude kann daher keine Genugtuung für erlittene Beleidigungen verlangen.‹ Dieser sozusagen offizielle Beschluss wurde allerdings erst einige Jahre später verkündigt […]. Nicht immer, wenn es zu tätlichen Insulten gekommen war, und ganz besonders, wenn sich Offiziersehre mit Studentencomment nicht in Einklang bringen ließ, konnte das Waidhofener Prinzip so streng gewahrt werden, als es seinen Bekennern angenehm gewesen wäre; aber der Geist dieses Prinzips, die Idee, wenn man so sagen darf, triumphierte auf der ganzen Linie und, wie man weiß, nicht auf dieser Linie allein.«

Arthur Schnitzler: Jugend in Wien. Hrsg. von Therese Nickl und Heinrich Schnitzler. Frankfurt a.M.: S. Fischer, 1980. S. 136–141. [Auszüge.]

Arbeitsaufträge:

1. Stellen Sie wichtige Veränderungen in der Behandlung von Juden im Wien des späten 19. Jahrhunderts dar.
2. Erläutern Sie, welche Judensicht aus dem Wortlaut des Waidhofener Beschlusses offensichtlich wird.

*3. Beurteilen Sie, ob die Wiener Studentenschaft als Keimzelle des Antisemitismus gesehen werden kann.

8 Psychoanalyse – Gustl als psychoanalytische Fallstudie

Sachanalyse

Bereits im 1891 veröffentlichten Essayband *Die Überwindung des Naturalismus* erhob der Wiener Literaturkritiker Hermann Bahr (1863–1934) die Forderung nach einer Darstellung der »Vorbereitung der Gefühle«. Ein entscheidendes Merkmal der »neue[n] Psychologie« sei es, dass die Gefühle möglichst auf ihre ursprüngliche Erscheinung vor dem Bewusstsein zurückgeführt werden können.[1] Ein Hintergedanke dieser Überlegung ist, dass dadurch dem Leser ermöglicht wird, eine Figur bis in ihr Tiefstes, Unbewusstes hinein zu analysieren. Schnitzler greift dies in seinem *Lieutenant Gustl* auf und stellt die Entstehung des Bewusstseins dar, indem sich Gustls Gedankenwelt in dessen innerem Monolog offenbart. Das Vorbewusste, in welchem Wahrnehmungen unterschiedlicher Art bestimmte Erinnerungen, Gedanken und Assoziationen auslösen, zeigt Schnitzler dabei auch mit seiner diskontinuierlichen, elliptischen wie parataktischen Syntax. Während Gustls Rundgang durch Wien (vgl. dazu auch Kapitel 5) wechseln sich verschiedene Phasen der Todesangst, Verzweiflung und Panik, aber auch der Beruhigung, Gefasstheit sowie der an sich selbst gerichteten Mahnungen an eine selbstbewusste, dem Militär gemäße Haltung ab. Es wirkt so, als ob Gustl auch einen inneren Rundgang durch sein Bewusstsein durchlebt. Die vielen Gedankenstriche und den Monolog unterbrechenden Auslassungspunkte deuten – ebenso wie Nominalsätze und nicht Ausgesprochenes voraussetzende Satzanschlüsse – auf die ungeordneten, vorbewussten Gedanken und Empfindungen Gustls hin. Das wechselnde Verhältnis der Satzarten, Fragen und Ausrufe spiegelt dabei unterschiedliche innere Zustände der Erregung und der Bewältigung Gustls wider.

Der Einfluss der Psychoanalyse wird nicht nur in Schnitzlers Darstellungsweise, sondern auch in der Figurenkonzeption bzw. der Komposition von Gustls Assoziationen an sich deutlich. Zwar gibt Schnitzler als Vorbild seiner Monologtechnik die Novelle *Les lauriers sont coupés* (1887) des französischen Symbolisten Édouard Dujardin an. Dennoch lohnt sich ein intensiver Blick auf Sigmund Freuds Herangehensweisen, Modelle und Ansätze. Freud lebte zeitgleich mit Schnitzler in Wien. Beide weisen verschiedene Berührungspunkte auf und standen per Briefwechsel miteinander in Kontakt. Schnitzler setzte sich mit Freuds Schriften auseinander, um sich in der Ausweitung seiner Möglichkeiten in der literarischen Gestaltung des Seelenlebens sowie bei der Ausarbeitung von freien Assoziationen einer Figur gewisse Anregungen zu holen. Das methodische Verfahren in Sigmund Freuds *Traumdeutung* (kurz vor der Veröffentlichung von *Lieutenant Gustl* erschienen) beispielsweise bestand in der Deutung der freien Assoziationen des Träumers und der damit ermöglichten Interpretation aller Traumelemente im Rückbezug auf die Biografie des Träumers. Allerdings lassen sich auch Differenzen zwischen Freud und Schnitzler erkennen. Für Schnitzler ist das Feld der dichterischen Tätigkeit nicht das Unbewusste, sondern eher das »Halbbewusste« oder »Mittelbewusste«. Den Psychoanalytikern wirft Schnitzler vor, dass sie die Macht des Unbewussten überschätzten und damit die Verantwortlichkeit und Autonomie des Individuums negierten.[2] In den 1920er Jahren sezierte Freud die menschliche Seele und stellte drei Instanzen fest, welche die Persönlichkeit konstituieren: Das Ich (das Bewusste, Vermittler zwischen den anderen beiden Instanzen), das Über-Ich (als eine Art Wächter-Instanz) und das Es (als Sitz der Triebe im Unbewussten angesiedelt). Da sowohl Schnitzler als auch Freud in die innere Struktur und hinter das Bewusstsein gelangen wollten, bietet sich die Anwendung des Instanzenmodells von Freud – trotz der Differenzen zwischen Schnitzler und Freud – grundsätzlich auch bei der Figur des Lieutenant Gustl an. Beim Protagonisten in Schnitzlers Werk fallen bei einer Untersuchung aus der Perspektive des Freud'schen Modells vor allem dessen Angst und Abwehrmechanismen auf. Im Bereich des Vorbewussten dringt Todesangst in Gustl ein. Verdrängte Erinnerungen des Protagonisten, welcher sich einer feindlichen bürgerlichen Welt gegenübersieht, kommen auf. Gleichzeitig bedrängt ihn das Über-Ich zum Vollzug des Selbstmords. Die Strategien, mit welchen Gustls Ich für Ausgleich sorgen möchte, sind Abwehrmechanismen wie Selbstanreden, Komik und Witze, Lachreflexe, aber auch abwertendes Reden über Frauen und ein Hinwegschieben der eigenen Schuld.

1 Vgl. Evelyne Polt-Heinzl, *Erläuterungen und Dokumente. Arthur Schnitzler. »Lieutenant Gustl«*, Stuttgart 2009, S. 33.

2 Dagmar Lorenz, *Wiener Moderne*, Stuttgart/Weimar 2007, S. 126.

Unterrichtsverlauf

Überblick. Die Schülerinnen und Schüler erfahren von Schnitzlers und Freuds Verhältnis zueinander und machen sich mit dem Instanzenmodell von Freud aus den 1920er Jahren vertraut. Sie übertragen Kenntnisse daraus auf die Figur Gustl und erarbeiten dessen Umgang mit seiner Lebenskrise. Zudem verstehen sie seine Gedanken, sein Verhalten sowie den Umgang mit seinen Gefühlen, indem sie eine vereinfachte Psychoanalyse der Figur durchführen. Die Schülerinnen und Schüler festigen dabei die Kompetenz, Informationen aus der Lektüre sowie aus Sachtexten zusammenzutragen. ! **Verkürzter Verlauf: 8.1 – 8.2 – 8.3 – 8.5 – 8.6**

Phase	Thema	Sozialform	Kompetenzen und Lernziele	Materialien
Voraussetzungen: Kenntnis des gesamten Werks				
8.1	Einstiegsphase: Schnitzler als Arzt und Auswirkungen dieser Tätigkeit auf sein Werk	UG	• Annäherung an das Thema »Psychologie« • Informationen aus einem Text herausarbeiten	VORLAGE 8a ➤ S. 74
8.2	Gustl in der Kirche: Erste psychologische Auffälligkeiten des Protagonisten im Vergleich zu Schnitzlers Patienten	PA / UG	• Transfer von Informationen aus Sachtexten auf einen epischen Text • Vertiefen der Kompetenzen rund um Lektürearbeit	ARBEITSBLATT 8a ➤ S. 78
8.3	Das Instanzenmodell von Sigmund Freud	LV	• Informationen aus einem mündlichen Vortrag entnehmen • Komplexe Strukturen der Psychoanalyse erfassen	
8.4 **fakultativ**	Vertiefung: Arbeit am Instanzenmodell von Sigmund Freud	EA / UG	• Kernaussagen/-begriffe herausfiltern • Inhalte eines Sachtextes grafisch kompakt darstellen • Komplexe Strukturen der Psychoanalyse erfassen	ARBEITSBLATT 8b ➤ S. 79
8.5	Untersuchung der inneren Zerrissenheit Gustls mit Hilfe des Instanzenmodells von Freud	EA / UG	• Zentrale Handlungsstränge und zentralen Konflikt erschließen • Transfer von komplexen Strukturen der Psychoanalyse auf die Figur Gustl • Charakterisierung Gustls	VORLAGE 8b ➤ S. 76
8.6	Erschließen von Gustls »Strategie der Abwehr«	PA / UG	• Erschlossenes Wissen anwenden und auf den vorgegebenen Text übertragen • Charakterisierung Gustls • Wichtige Informationen aus dem Text herausfiltern	ARBEITSBLATT 8c ➤ S. 81
8.7	Transfer: Kreativer Schreibauftrag zum Instanzenmodell	UG / EA	• Erschlossenes Wissen in einem neuen Rahmen anwenden • Kreativ an der Thematik weiterarbeiten	VORLAGE 8c ➤ S. 77

8.1 Einstiegsphase: Schnitzler als Arzt und Auswirkungen dieser Tätigkeit auf sein Werk

Unterrichtsschritt. Der Stundeneinstieg dient als Annäherung an das Thema »Psychologie«. Integriert in ein Unterrichtsgespräch werden Auszüge einer Rede der Urenkelin Schnitzlers gelesen (VORLAGE 8a ***Die Eröffnungsrede Giuliana Schnitzlers***) und anschließend die für die Stundensequenz relevanten Aspekte herausgefiltert. UG

VORLAGE 8a ➤ S. 74

Erläuterungen. Zu Beginn der Stunde wird den Schülerinnen und Schülern ein Auszug aus einer Eröffnungsrede der Urenkelin Schnitzlers zum Schnitzler-Memorial im Bezirksmuseum Alsergrund in Wien angeboten. Der Kurs erfährt durch den dazugehörigen Informationstext vorab von den Tätigkeiten der Familie Schnitzler im

19. Jahrhundert im medizinischen Bereich. Mit Hilfe der Rede selbst filtern die Schülerinnen und Schüler die für die Stundensequenz relevanten und für Arthur Schnitzler hinsichtlich der Lektüre hilfreichen Aspekte seiner Tätigkeit als Arzt heraus (s. Arbeitsauftrag). Sie benennen Schnitzlers Blick auf »Begierden«, »Sehnsüchte«, »Ängste«, »Hoffnungen«, »seelische Schmerzen« der Menschen als zentralen Aspekt, der auch die Gestaltung von *Lieutenant Gustl* prägt. Die Lehrkraft notiert die genannten Begriffe an der Tafel und ergänzt eigenständig als Überleitung zum nächsten Stundenabschnitt diese Auflistung um den Aspekt »Zugang zur Religion«, allerdings mit einem Fragezeichen. Im Anschluss daran wird passend dazu – möglicherweise bereits nach einem entsprechenden Hinweis aus der Lerngruppe – die Szene in der Kirche aus dem *Lieutenant Gustl* (38,2–32) gemeinsam gelesen.

VORLAGE 8a

Die Eröffnungsrede Giuliana Schnitzlers

Information: Im Jahr 2001 wurde im Bezirksmuseum Alsergrund in Wien ein Memorial für die Familie Schnitzler eingerichtet, das am 26. Juni 2001 offiziell eröffnet wurde. Arthur Schnitzlers Vater, Johann Schnitzler, war ein Mitbegründer und Leiter der ehemaligen Poliklinik, welche inzwischen einen Teil des Bezirksmuseums darstellt. Julius Schnitzler, der Bruder von Arthur Schnitzler, arbeitete jahrelang in der Poliklinik. Arthur Schnitzler erhielt dort zum Teil seine Arztausbildung und veröffentlichte unter anderem im Rahmen seiner Tätigkeit dort medizinische Studien. Giuliana Schnitzler, Urenkelin Arthur Schnitzlers, hielt die Einweihungsrede.

»Sehr geehrte Damen und Herren […]!

Die meisten Wiener assoziieren mit dem Namen Arthur Schnitzler die romantische und liebliche Seite der Jahrhundertwende. Bilder kommen hoch von sich im Walzer-Takt wiegenden Liebespaaren, glücklichen Stubenmädchen, die während der Arbeit bekannte Melodien der Volksoper summen, […] alles eingetaucht in eine süßliche Sissi-Romantik.

Dabei wird von ihnen übersehen, dass Arthur Schnitzler – der Dichter und Arzt – in die Abgründe seiner Gesellschaft getaucht ist, um diese gnadenlos ans Licht zu bringen, um uns einen direkten Blick auf die ungeschminkte Seite des Menschseins zu schenken. Auf seine Begierden, seine Sehnsucht, seine Ängste, seine Hoffnungen und seine Schmerzen. Sein künstlerisches Schaffen ist geprägt von einer kompromisslosen Ehrlichkeit und einer undurchdringlichen Melancholie, die selbst seinen – auf den ersten Blick – unbekümmert wirkenden Szenen anhaftet.

Was immer man nun mit Schnitzler verbinden mag – er war, ist und bleibt ein Ur-Wiener. […]«

Zit. nach: web.archive.org/web/20100421014130/http://museum.highway.co.at/alsergrund/page.asp/1073.htm (Stand: 16.5.2019)

Arbeitsauftrag:
- Finden Sie in der Rede Gesichtspunkte, die aufzeigen, warum Schnitzlers Tätigkeit als Arzt hilfreich für die Gestaltung seiner Figur des Lieutenant Gustl gewesen sein könnte.

8.2 Gustl in der Kirche: Erste psychologische Auffälligkeiten des Protagonisten im Vergleich zu Schnitzlers Patienten

PA / UG

ARBEITSBLATT 8a

➤ S. 78

Unterrichtsschritt. Im Anschluss daran wird die Szene in der Kirche aus *Lieutenant Gustl*, Reclam XL, 38,2–32, gemeinsam gelesen. In Partnerarbeit anhand von ARBEITSBLATT 8a ***Gustl in der Kirche*** wird Gustls Versuch, Zugang zum Religiösen zu bekommen, erarbeitet sowie mit den an der Tafel notierten psychologischen Auffälligkeiten der Patienten Schnitzlers verglichen. Die Schülerinnen und Schüler erkennen die Parallelen und Beziehungen zwischen Schnitzlers psychologischen Beobachtungen an Patienten und Gustl. Nach der Ergebnissicherung im Unterrichtsgespräch entfernt die Lehrkraft das Fragezeichen an der Tafel hinter »Zugang zur Religion«, da der Versuch Gustls, wenn auch ohne abschließenden Erfolg, erkennbar stattfindet.

Erläuterungen. Die Schülerinnen und Schüler erkennen den Versuch des Lieutenants, Zugang zum Religiösen zu finden (z. B. ARBEITSBLATT 8a Z. 1 ff., Z. 11, Z. 24 ff.), aber auch Begierden/Sehnsüchte (z. B. Z. 9 ff.), Ängste (z. B. Z. 14 f., Z. 19 f.), Hoffnungen (z. B. Z. 1 f., Z. 18 f.) sowie seelische Schmerzen (z. B. Z. 29 f.). Mit Hilfe von ARBEITSBLATT 8a wird Schnitzlers Einbezug seiner psychologischen und medizinischen Erfahrung im Werk greifbar. Die Schülerinnen und Schüler erfassen in Partnerarbeit an dieser konkreten Stelle der Handlung auch Gustls existenzielle Krise und halten sich (notfalls mit Hilfe der Lehrkraft) vor Augen, dass Gustl seit der Beleidigung an der Garderobe durch den Bäckermeister noch keine Lösung für seinen Konflikt gefunden hat, welche ihn zur Ruhe kommen ließe.

8.3 Das Instanzenmodell von Sigmund Freud

Unterrichtsschritt. Die Lehrkraft stellt in einem Kurzvortrag Freuds Instanzenmodell vor und erläutert kurz das Verhältnis zwischen Schnitzler und Freud. LV

Alternative. Ein Schüler bzw. eine Schülerin bereitet ein entsprechendes Kurzreferat vor.

Erläuterungen. Für den weiteren Verlauf der Unterrichtsstunde ist die Kenntnis von Sigmund Freuds Instanzenmodell essenziell, da es eine Grundlage für die Schülerinnen und Schüler bietet, Gustls verzweifelte Situation (im Unterrichtsschritt 8.5) und seine Strategie im Umgang damit (8.6) besser zu verstehen und nachzuvollziehen. Informationen bieten die obige Sachanalyse (S. 72) sowie ARBEITSBLATT 8c aus dem späteren Unterrichtsschritt 8.6 mit Lösungsvorschlag (S. 110). Auch für den Referenten bzw. die Referentin wären das gegebenenfalls Hilfestellungen.

8.4 Vertiefung: Arbeit am Instanzenmodell von Sigmund Freud (fakultativ)

Unterrichtsschritt mit Erläuterungen. Die Schüler erhalten das ARBEITSBLATT 8b ***Sigmund Freuds Instanzenmodell***, um die vorgestellten grundlegenden Aspekte des Instanzenmodells für sich zu vertiefen. Das Arbeitsblatt weist zwei Grafiken auf, welche von den Schülern ausgefüllt werden sollen. Im Plenum werden die Ergebnisse besprochen und gegebenenfalls gemeinsam verbessert, um zu gewährleisten, dass die Lerngruppe das Instanzenmodell verinnerlicht hat. (Dieser Schritt kann auch alternativ bereits in der Vorstunde als Hausaufgabe vorab gestellt werden. Dann würde Schritt 8.3 um die Besprechung der Hausaufgabe ergänzt werden.)

EA / UG

ARBEITSBLATT 8b
➤ S. 79 f.
Lösungshinweise
➤ S. 108 f.

8.5 Untersuchung der inneren Zerrissenheit Gustls mit Hilfe des Instanzenmodells von Freud

Unterrichtsschritt. Die Schülerinnen und Schüler wenden die gelernten Begriffe »Über-Ich«, »Ich«, »Es« an, indem sie diese Begriffe an der Figur Gustl belegen (VORLAGE 8b ***Gustl und das Instanzenmodell***). Dazu werden beispielhaft die Langeweile Gustls im Konzert (*Lieutenant Gustl*, Reclam XL, 7,1–30) und die Beleidigung durch den Bäckermeister (S. 16–18) analysiert. Die Lehrkraft kann entscheiden, ob sie die Ergebnisse in Einzelarbeit herausarbeiten lässt, um zu überprüfen, dass wirklich jeder einzelne Kursteilnehmer das Modell verinnerlicht hat.

EA / UG

VORLAGE 8b
➤ S. 76

Alternative. Eine zeitsparende Alternative wäre an dieser Stelle der Unterrichtseinheit auch eine gemeinsame Erarbeitung im Unterrichtsgespräch.

Erläuterungen. Bei seiner Langeweile erinnert Gustl das »Über-Ich« daran, dass man im Konzert keine Langeweile zeigen darf. Das »Es« hegt den Wunsch, das Konzert zu verlassen. Das »Ich« lenkt sich mit einem heimlichen Blick auf die Uhr oder auf ein Mädchen ab. Nach der Beleidigung durch den Bäckermeister erinnert das »Über-Ich« daran, dass Gustl seine Ehre wiederherstellen muss. Das »Es« wünscht sich, dass der Moment der Beleidigung von niemandem wahrgenommen wurde. Das »Ich« quält sich im weiteren Verlauf der Nacht mit der Entscheidung, ob ein Selbstmord die Lösung sein kann. Die Klärung dieser Frage stellt Gustls existenziellen Konflikt dar.

Leitfragen/Aufträge:

1. Wenden Sie die Begriffe »Über-Ich«, »Ich«, »Es« an, indem Sie die jeweiligen Rollen dieser drei Instanzen während Gustls Langeweile im Konzert (S. 7) bestimmen!
2. Wenden Sie die Begriffe »Über-Ich«, »Ich«, »Es« an, indem Sie die jeweiligen Rollen dieser drei Instanzen unmittelbar nach der Beleidigung Gustls durch den Bäckermeister an der Garderobe (S. 16–18) bestimmen!

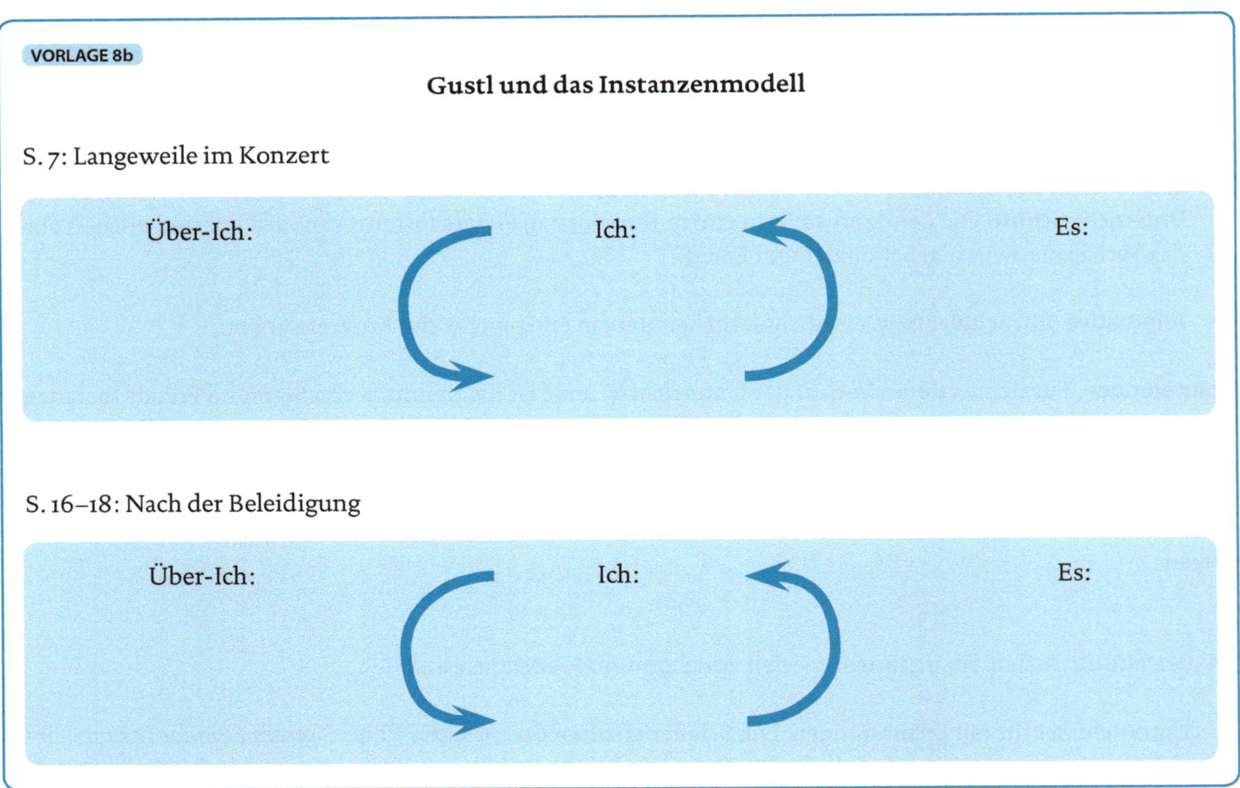

8.6 Erschließen von Gustls »Strategie der Abwehr«

PA / UG

ARBEITSBLATT 8c
➤ S. 81
Lösungshinweise
➤ S. 110

Unterrichtsschritt. Die Schülerinnen und Schüler analysieren – unter Rückbezug auf das Instanzenmodell – die unterschiedlichen Abwehrmechanismen Gustls, die dieser entwickelt, um seine eigene Hoffnung aufrechtzuerhalten, den inneren Konflikt zu verdrängen und die Zerrissenheit aufzulösen (ARBEITSBLATT 8c ***Gustls Abwehrstrategien***). Die Ergebnisse werden im anschließenden Unterrichtsgespräch zusammengetragen und verbessert.

Erläuterungen. Die Schülerinnen und Schüler analysieren die an Gustl nagende innere Zerrissenheit und wenden mit Hilfe des Wissens rund um das Instanzenmodell ein Erklärungsmodell an: Der Protagonist entwickelt unterschiedliche Abwehrmechanismen, um seine Hoffnung aufrechtzuerhalten, dass Sehnsüchte, Ängste und seelische Schmerzen mit Hilfe gewisser Verhaltensweisen verdrängt werden können. Gustl verspricht sich dadurch – zumindest kurzfristig – weitere Handlungsfähigkeit. Die Schülerinnen und Schüler können ihr bereits in 8.5 erarbeitetes Ergebnis bestätigen, dass im Inneren von Gustl das »Es« und das »Über-Ich« das »Ich« bedrängen und existenzielle Ängste bis hin zu Todesfurcht auslösen. Gustls »Ich« versucht mit Strategien der Abwehr für einen Ausgleich zu sorgen. Diese Strategien der Abwehr kann man in Form von Selbstanreden (z. B. 21,28; 22,31–34; 30,32 ff.), Verwendung von Witzen und Einsatz von Komik (z. B. 22,3 ff.; 30,6 ff.; 31,16 f.), Lachreflexen (z. B. 22,5; 30,8; 31,16) sowie in abfälligen Reden über Frauen (z. B. 21,26 f.; 31,30 f.), aber auch am Wegschieben der eigenen Schuld auf andere Personen (z. B. 22,3; 29,20–23) erkennen. Auch im sprachlichen Bereich lassen sich die Empfindungen Gustls erfassen. Die vielen Gedankenstriche und den Monolog unterbrechenden Auslassungspunkte deuten – ebenso wie Nominalsätze und Satzanschlüsse – auf ungeordnete, vorbewusste Gedanken Gustls hin (viele Beispiele möglich). Das wechselnde Verhältnis der Satzarten, Fragen und Ausrufe spiegelt dabei unterschiedliche innere Zustände der Erregung und der Bewältigung Gustls wider. Eine Frage, die zur offenen Diskussion über Gustls Erfolg oder Misserfolg bei seinem »Fluchtversuch« anregt, rundet diese Unterrichtsstunde ab (Arbeitsauftrag 2).

8.7 Transfer: Kreativer Schreibauftrag zum Instanzenmodell

Unterrichtsschritt. Die Schülerinnen und Schüler wählen aus verschiedenen Optionen von VORLAGE 8c ***Schreibauftrag*** eine Arbeitsaufgabe aus und bearbeiten sie. Wenn die Zeit reicht, werden Ergebnisse im Plenum vorgetragen und diskutiert.

EA / UG

VORLAGE 8c

➤ S. 77

Alternative. Die Aufgabe kann auch als Hausaufgabe gestellt werden.

VORLAGE 8c

Schreibauftrag

Wählen Sie eine Aufgabe aus den folgenden aus und verfassen einen Text:

1. Stellen Sie sich vor, Sie sind Psychologe und überweisen Gustl an eine Rehaklinik: Schreiben Sie einen kurzen Brief an die Kollegen vor Ort mit Empfehlungen, wie man Gustl dort helfen kann, seinen Kampf des Ichs mit dem Über-Ich und dem Es aufzunehmen und auszutarieren!
2. Anwendung des Freud'schen Modells auf eine Situation in Ihrem eigenen Leben: Erklären Sie dies mit Hilfe einer Skizze oder eines Tagebucheintrages!
3. Hören Sie das Lied *Jein* von Fettes Brot (youtu.be/tcV7VN3l3bY, Stand: 26.7.2019) an und texten Sie eine weitere Strophe, in der Sie Ihren persönlichen Kampf Ihres Ichs mit dem Über-Ich und Es thematisieren!

Gustl in der Kirche

»[…] Möcht' in die Kirche hineingeh'n … am End' ist doch was dran … – Na, heut' nach Tisch werd' ich's schon genau wissen … Ah, »nach Tisch« ist sehr gut! … Also, was ist, soll ich hineingeh'n? – Ich glaub', der Mama wär's ein Trost, wenn sie das wüsst'! … Die Klara gibt weniger drauf … Na, gehn wir hinein – schaden kann's ja nicht!

Orgel – Gesang – hm! – was ist denn das? – Mir ist ganz schwindlig … O Gott, o Gott, o Gott! ich möcht' einen Menschen haben, mit dem ich ein Wort reden könnt' vorher! – Das wär' so was – zur Beicht' gehn! Der möcht' Augen machen, der Pfaff', wenn ich zum Schluss sagen möcht': Habe die Ehre, Hochwürden; jetzt geh' ich mich umbringen! … – Am liebsten läg' ich da auf dem Steinboden und tät' heulen … Ah nein, das darf man nicht tun! Aber weinen tut manchmal so gut. … Setzen wir uns einen Moment – aber nicht wieder einschlafen wie im Prater! … – Die Leut', die eine Religion haben, sind doch besser dran … Na, jetzt fangen mir gar die Händ' zu zittern an! … Wenn's so weitergeht, werd' ich mir selber auf die Letzt' so ekelhaft, dass ich mich vor lauter Schand' umbring'! – Das alte Weib da – um was betet denn die noch? … Wär' eine Idee, wenn ich ihr sagen möcht': Sie, schließen Sie mich auch ein … ich hab' das nicht ordentlich gelernt, wie man das macht … Ha! mir scheint, das Sterben macht blöd'! – Aufstehn! – Woran erinnert mich denn nur die Melodie? – Heiliger Himmel! gestern Abend! – Fort, fort! das halt' ich gar nicht aus! … Pst! keinen solchen Lärm, nicht mit dem Säbel scheppern – die Leut' nicht in der Andacht stören – so! – doch besser im Freien … Licht … Ah, es kommt immer näher – […]«

Lieutenant Gustl, Reclam XL, 38,2–32.

Arbeitsaufträge:

1. Untersuchen Sie, ob im vorliegenden Textausschnitt ein Versuch Gustls dargestellt ist, Zugang zur Religion zu finden! Belegen Sie Ihre Antworten am Text, indem Sie entsprechende Passagen unterstreichen und in der rechten Spalte als »Versuchter Zugang zur Religion« benennen!
2. Untersuchen Sie, ob der vorliegende Textausschnitt die psychologischen Auffälligkeiten aufweist, die Arthur Schnitzler laut seiner Urenkelin bereits bei seinen Patienten beobachtete (Begierden/Wünsche, Ängste, Hoffnungen, seelische Schmerzen)! Belegen Sie Ihre Antworten am Text, indem Sie entsprechende Passagen mit verschiedenen Farben unterstreichen und die Auffälligkeiten in der rechten Spalte benennen!

Sigmund Freuds Instanzenmodell

»[…] Seinem Vorschlag zufolge setzt sich die Struktur der Psyche eines Menschen aus drei Teilen (Instanzen) zusammen, dem ›Es‹, dem ›Ich‹ und dem ›Über-Ich‹. Er vertrat die Ansicht, dass der überwiegende Teil der menschlichen Entscheidungen ›unbewusst‹ und nur ein geringer Teil ›bewusst‹ motiviert ist. […]

Das ›Es‹ bildet das triebhafte Element der Psyche und kennt weder Verneinung noch Zeit oder Widerspruch. Damit bezeichnet Freud jene psychische Struktur, in der die Triebe (z.B. Hunger, Sexualtrieb), Bedürfnisse und Affekte wie Neid, Hass, Vertrauen oder Liebe gründen. Die Triebe, Bedürfnisse und Affekte sind auch Muster (psychische ›Organe‹), mittels derer wir weitgehend unwillentlich bzw. unbewusst wahrnehmen, und durch die unser Handeln geleitet wird. [Das ist der ursprüngliche Zustand: Ein Kleinkind wird zunächst nur vom ›Es‹ gesteuert.]

Das ›Ich‹, Randgebiet des ›Es‹, bezeichnet jene psychische Instanz, die mittels des vernünftigen und selbstkritischen Denkens sowie mittels kritisch-rational gesicherter Normen, Wertvorstellungen und Weltbild-Elemente realitätsgerecht vermittelt […].

- Denken, Erinnern, Fühlen, Ausführen von Willkürbewegungen
- Vermittler zwischen impulsiven Wünschen des Es und des Über-Ich
- sucht nach rationalen Lösungen […]

Das ›Über-Ich‹ schließlich bezeichnet jene psychische Struktur, in der die aus der erzieherischen Umwelt verinnerlichten Handlungsnormen, Ich-Ideale, Rollen und Weltbilder gründen.

- ›Gewissen‹
- moralische Instanz, Wertvorstellungen
- Gebote und Verbote der Eltern und subjektiv empfundene Autoritäten dienen als Vorbild
- Vorstellungen von Gut und Böse
- der Gegenpart zum ›Es‹

Das ›Ich‹ und das ›Über-Ich‹ entstehen aus dem ›Es‹ [das dem ursprünglichen, kindlichen Zustand entspricht]. Die Verdrängung von Vorstellungen (insbesondere solchen aus dem ›Es‹) wird dem ›Über-Ich‹ zugeschrieben. Dieses ist ein Teil des ›Ich‹ und beurteilt seine Gedanken, Gefühle und Handlungen. […] Nach Freud entsteht ein Großteil der Motivation menschlichen Verhaltens aus dem unbewussten Konflikt zwischen den triebhaften Impulsen des ›Es‹ und dem strengen, bewertenden ›Über-Ich‹. […]«

Sigmund Freud. In: Wikipedia. Die freie Enzyklopädie. de.wikipedia.org/wiki/Sigmund_Freud (Stand: 26.7.2019). –

Eisberg. In: de.wikipedia.org/wiki/Eisbergmodell (Stand: 26.7.2019).

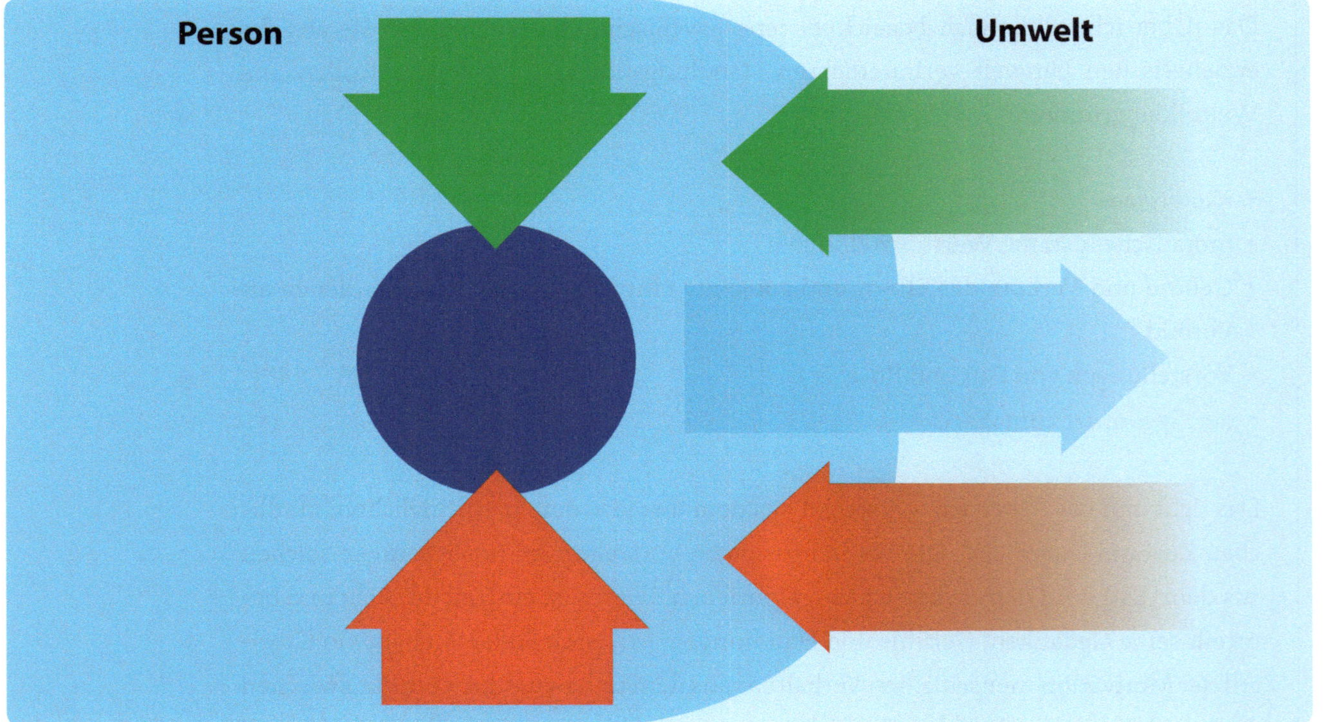

Arbeitsaufträge:

1. Unterstreichen Sie die drei für das Verstehen des Modells relevanten Kernbegriffe in verschiedenen Farben und ordnen Sie weitere Aussagen durch entsprechende Farbunterstreichung zu!
2. Stellen Sie das Verhältnis zwischen »Ich«, »Es« und »Über-Ich« grafisch dar, indem Sie die beiden Skizzen auf dem Arbeitsblatt vervollständigen!

ARBEITSBLATT 8c

Gustls Abwehrstrategien

Arbeitsaufträge:

1. Lesen Sie in Partnerarbeit *Lieutenant Gustl*, Reclam XL, S. 21–22 und S. 29–32. Erarbeiten Sie an diesen Textstellen Gustls Abwehrmechanismen, mit denen er seine existenzielle Krise zu verdrängen und zu überwinden bzw. die Hoffnung auf eine saubere Lösung zu bewahren versucht.
   a) Welche Abwehrmechanismen erkennen Sie allgemein bei Gustl?
   b) Welche sprachlichen Besonderheiten fallen Ihnen bei Gustls innerem Monolog auf?
   c) Welcher Umgang mit der »Schuld« an der ganzen Situation lässt sich bei Gustl erkennen?
2. Kreisbewegung, Schneckenhaus oder Befreiung? – Diskutieren Sie, ob Gustl seine Flucht in die oben genannten Abwehrmechanismen bzw. Scheinlösungen am Ende der Novelle erfolgreich bewältigen konnte! Ist er als Mensch in der Kreisbewegung geblieben und im Kaffeehaus, dem eigentlichen Ausgangsort der Handlung, wieder der gleiche Mensch wie zuvor? Hat sich seine Situation verschlechtert und sich verengt? Oder kann er als »befreiter« Mensch aus dem Konflikt treten?

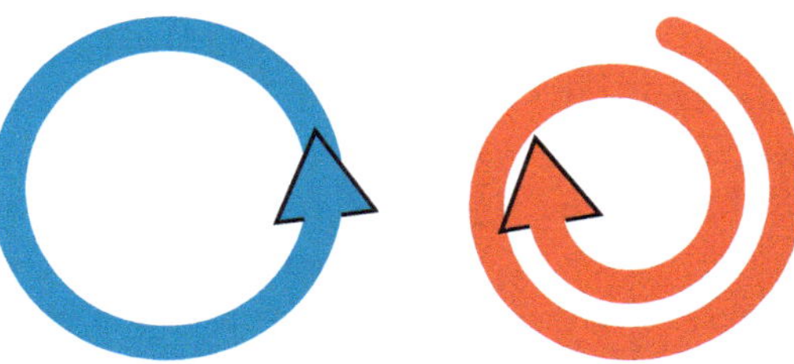

9 Motivvergleich in Form des materialgestützten informierenden Schreibens

Sachanalyse

Das materialgestützte Verfassen eines informierenden Textes erfordert vor allem untersuchende und erläuternde Vorgehensweisen. Die vorliegende Unterrichtsstunde soll Schülerinnen und Schülern wie Lehrkräften die etwaige Scheu vor diesem Aufgabenformat nehmen.

Die Lerngruppe soll eigene Kenntnisse aus der Lese- und Unterrichtserfahrung sowie neue – dank der kritischen Auswertung der vorgelegten Materialien gewonnene – Erkenntnisse differenziert darstellen und nach sachlogischen Zusammenhängen ordnen. Eine detaillierte Analyse der Materialien ist nicht verlangt. Zu berücksichtigen sind aber der angegebene kommunikative Kontext, die Gestaltung des Textes sowie Erwartungen und Interessen der Zuhörerschaft. Die präzise Themenerschließung, das formgerechte Gliedern des Aufsatzes, ein angemessener Grad der Reflexion und die der Schreibform entsprechende Zitierweise sind neben Gewandt- und Sicherheit bei der sprachlichen Gestaltung Voraussetzungen für eine gelungene Arbeit.

Grundsätzlich sind die Schülerinnen und Schüler frei in der Strukturierung ihrer Ausführungen, auch wenn formale Aspekte bei einer etwaigen Bewertung berücksichtigt werden sollen. Die in dieser Unterrichtsstunde dem Kurs präsentierte Aufgabenstellung legt eine Darstellung nahe, welche Aspekte zur Gestaltung des »Einflusses von Geschwistern auf Protagonisten am Beispiel ausgewählter Schullektüren« beinhaltet. Schwerpunktmäßig bietet sich neben der Betrachtung von *Lieutenant Gustl* auch die Bezugnahme von *Die Verwandlung* (Kafka), *Faust* (Goethe) oder *Die Räuber* (Schiller) an. Gerade diese Werke werden vermutlich in der Oberstufe im Fach Deutsch gelesen. Selbstverständlich ist auch ein Blick auf andere Werke möglich. Ebenso muss nicht erwartet werden, dass alle Materialien berücksichtigt werden.

Der Vortragssituation entsprechend kann nach der Anrede ein illustrierender Einstieg gewählt werden, z. B. mit Hilfe eines Zitats, mit veranschaulichenden Fakten oder mit dem – situativ angeordneten – Thema des Ausstellungsraums. Es bietet sich danach an, die Ausführung im Sinne der konkreten Aufgabenstellung insofern zu strukturieren, dass zunächst Aspekte zu mindestens zwei literarischen Werken (eine solide Lektürekenntnis sollte hierbei erkennbar werden) genannt werden. Entscheidend ist, nicht nur das Verhältnis zwischen den Geschwistern zu beleuchten, sondern eben auch den Einfluss auf den Protagonisten.

Bei den Erinnerungen Gustls an gemeinsame Ereignisse mit seiner Schwester Klara wird deutlich, dass eine gewisse Distanz zwischen den Geschwistern herrscht. Gustl weicht trotz der Zuneigung zu seiner Schwester nicht von den Selbstmordgedanken ab, er verschiebt sogar das Verfassen eines Briefes an sie und verwirft die Idee, sich von der Familie zu verabschieden. Gustl ist davon überzeugt, dass seine Schwester sofort merken würde, in welcher Situation er sich befindet. Trotz dieser guten Menschenkenntnis, die Gustl Klara attestiert, übt sie nur geringen Einfluss auf ihren jüngeren Bruder aus. Sie kann ihn weder direkt noch indirekt von den Selbstmordgedanken abbringen. Vielmehr reagiert er konträr zu ihren Ansichten. Dies wird beispielsweise bei der Kirchenszene deutlich, als Gustl das Gotteshaus betritt, obwohl er weiß, dass seine Schwester der Religion eher negativ gegenübersteht. Klara konnte aber auch auf Gustls Frauenbild nicht positiv einwirken. Zwar reagierte sie nach Gustls erstem sexuellen Erlebnis mit Ungläubigkeit, ein klärendes Gespräch, welches Gustl zu mehr Respekt gegenüber den Frauen bewegen hätte können, blieb aber aus. Klara ist eine der wenigen Frauen, denen Gustl aber Wertschätzung entgegenbringt. Mit ihren 28 Jahren hat sie keinen Mann an ihrer Seite und stellt somit ein Gegenbild zu den Damenkontakten Gustls aus dem Prostitutionsgewerbe dar. Den Grund für das Scheitern einer vorherigen Beziehung kennt Gustl nicht, ebenso beklagt er, dass seine Familie nur wenig über sein privates Leben wisse.

Gregor Samsa aus Kafkas *Die Verwandlung* hat zunächst ein gutes Verhältnis zu seiner Schwester. Diese hat so viel Einfluss auf Gregor, dass sich sein Verhalten verändert. Sorgt sie zunächst noch fürsorglich für ihn, wünscht er sich bald, sie wäre anwesend, um zu helfen. Schließlich bringt sie ihn bei ihrem Besuch im Zimmer zum Zittern und lockt Gregor mit ihrem Musikspiel aus seinem Zimmer, was zum Eklat mit den Untermietern führt. Als Erste aus der Familie äußert sie, dass Gregor Samsa eine untragbare Last für die Familie sei. Letztendlich übt sie entscheidenden Einfluss auf den Tod Gregor Samsas aus.

Bei Schillers *Die Räuber* kann der Konflikt der ganzen Handlung angesprochen werden, weshalb der Einfluss von Franz auf Karl von Moor durchaus beachtlich ist, wohingegen bei Goethes *Faust* die Figur Valentin seine Schwester kurz vor dessen Tod trotz heftiger Belastung mit Vorwürfen nicht entscheidend dazu bringen kann, sich von Faust zu lösen.

Unterrichtsverlauf

Überblick. Die Schülerinnen und Schüler verstehen eine Aufgabenstellung zum materialgestützten informierenden Schreiben in ihrer Ganzheit und aktivieren Vorwissen aus im Oberstufenunterricht besprochenen Lektüren. Sie beleuchten die Rolle von Gustls Schwester Klara und lesen gezielt weitere Materialien, um diese auszuwerten und in Beziehung zueinander zu setzen. Sie erstellen schließlich einen Schreibplan und verfassen einen kohärent formulierten Vortrag mit dem Ziel, angemessen unter Berücksichtigung des Themas, des Adressatenkreises und der Sprechsituation zu informieren. ! Verkürzter Verlauf: 9.1 – 9.2 – 9.4 – 9.5 – 9.6 – 9.7 – 9.8

Phase	Thema	Sozialform	Kompetenzen und Lernziele	Materialien
Voraussetzungen: Kenntnis des gesamten Werks				
9.1	»Berühmte« Familien und Geschwister in der deutschsprachigen Literatur	UG	• Annäherung an das Thema • Aktivieren von Vorwissen • Interesse wecken	VORLAGE 9a ➤ S. 84 Tafelnotiz
9.2	Informationen über das materialgestützte informierende Schreiben	LV / PA / UG	• Vertiefen der Kompetenzen rund um das materialgestützte informierende Schreiben	VORLAGE 9b ➤ S. 85
9.3 fakultativ	Erarbeiten einer gemeinsamen Checkliste	UG	• einen Aufsatz vorab gliedern • einen Schreibplan überarbeiten	VORLAGE 9c ➤ S. 86
9.4	Klären der Aufgabenstellung	UG	• Kernaussagen herausfiltern • komplexe Aufgabenstellung in der Ganzheit erfassen	ARBEITSBLATT 9a ➤ S. 90
9.5	Arbeit mit Material zu Gustls Schwester Klara	EA	• Zentrale Inhalte erschließen und aus dem Material / der Lektüre herausfiltern • Erkennen von Figurenbeziehungen • Charakterisierung	ARBEITSBLATT 9b ➤ S. 91
9.6	Arbeit mit den weiteren Materialien	PA / GA	• Zentrale Inhalte erschließen und aus verschiedenen Materialien/Lektüren herausfiltern • Erkennen von Figurenbeziehungen • Charakterisierung	ARBEITSBLATT 9c bis ARBEITSBLATT 9e ➤ S. 93–96
9.7	Gemeinsame Überprüfung der Ergebnisse	UG	• Präsentieren von Ergebnissen • gegenseitiges Überprüfen und Korrigieren	TAFELBILD 9 ➤ S. 88
9.8	Verfassen des Vortrags	EA	• Erschlossenes Wissen anwenden und auf die Aufgabenstellung / den situativen Rahmen übertragen • kreativ und zielorientiert an der Thematik weiterarbeiten	

9.1 »Berühmte« Familien und Geschwister in der deutschsprachigen Literatur

Unterrichtsschritt. Der Stundeneinstieg dient als Annäherung an das Thema. Die Schülerinnen und Schüler aktivieren ihr Vorwissen sowie ihre Lektürekenntnisse und werden dadurch für die eigentliche Arbeit motiviert. UG

Zu Beginn wird den Schülerinnen und Schülern die VORLAGE 9a ***Johann Heinrich Füssli, »Kriemhild zeigt Hagen das Haupt Gunthers«, um 1805*** zum *Nibelungenlied* gezeigt, auf welcher zu sehen ist, wie Kriemhild vor ihrem Widersacher Hagen von Tronje den enthaupteten Kopf ihres Bruders Gunther hält. Die Schülerinnen und Schüler beschreiben die Szene und ordnen sie dem *Nibelungenlied* zu. Zudem tragen sie kurz Informationen zum Verhältnis zwischen Kriemhild und ihrem Bruder zusammen. VORLAGE 9a ➤ S. 84 Tafelnotiz

Im nächsten Schritt benennen sie weitere »berühmte« Familien und Geschwister der (deutschsprachigen) Literatur und umreißen – wenn möglich – knapp die gegebenen Umstände. Die Lehrkraft schreibt die genannten Beispiele als Notiz an die Tafel und gibt eventuell Hilfestellungen. So können als Beispiel Werke von der Unterstufen- bis zur Oberstufenliteratur (z. B. Erich Kästner, *Das doppelte Lottchen*, Adalbert Stifter *Bergkristall*, Thomas Mann, *Buddenbrooks*), aber auch Werke aus dem persönlichen Leseerlebnis der Schülerinnen und Schüler genannt werden.

Leitfragen/Aufträge:

1. Beschreiben Sie das vorliegende Bild!
2. Ordnen Sie das Geschehen einer literarischen Vorlage zu!
3. Finden Sie weitere Beispiele aus der deutschsprachigen Literatur mit »berühmten« Familien, in welchen unter anderem das Verhältnis unter Geschwistern thematisiert wird!

VORLAGE 9a

Johann Heinrich Füssli, *Kriemhild zeigt Hagen das Haupt Gunthers*, um 1805

9.2 Informationen über das materialgestützte informierende Schreiben

Unterrichtsschritt. Die Schülerinnen und Schüler vertiefen ihre Kompetenzen des materialgestützten Schreibens, indem sie von der Lehrkraft grundlegende Informationen erhalten und diese im Unterrichtsgespräch thematisieren: Die Lehrkraft erläutert mit Hilfe eines Lehrervortrags die grundlegenden Aspekte des materialgestützten informierenden Schreibens. Mit Hilfe der Leitfragen und strukturiert durch die VORLAGE 9b ***Das materialgestützte informierende Schreiben*** kann im Unterrichtsgespräch weiteres Verständnis der Schülerinnen und Schüler für diesen Aufgabentyp aufgebaut werden.

LV / PA / UG

VORLAGE 9b
➤ S. 85

Erläuterungen. Die Schülerinnen und Schüler sollen mit Hilfe der Unterrichtsstunde das materialgestützte informierende Schreiben einüben. Dazu gehört, dass sie mit den in den Materialien vorgefundenen Aussagen und auch mit eigenen Lektürekenntnissen ihre Hypothesen belegen. Die Materialien dienen somit zur Stützung des Vortrags. Wichtig ist, dass der Adressatenbezug beim Verfassen solcher Texte berücksichtigt wird, etwa durch die Wahl geeigneter sprachlicher Mittel, durch eine Interesse weckende Strukturierung bzw. durch Veranschaulichung und Konkretisierung der dargestellten Sachverhalte (z. B. durch Zitate). Dabei können aktuelle Bezüge hergestellt werden. Auch kann der Vortrag appellative Züge im Hinblick auf die Aufgabenstellung beinhalten (z. B. Appell, eine Leitfrage besonders zu beachten). Vermieden werden sollen banalisierende und floskelhafte Phrasen.

Leitfragen/Aufträge:

1. Berichten Sie vom letzten Vortrag, dem Sie zugehört haben! Was war der Anlass und was ist Ihnen von diesem Vortrag in Erinnerung geblieben?
2. Überlegen Sie, inwiefern die Kategorien aus VORLAGE 9b für einen Vortrag wichtig sind!
3. Berichten Sie von Ihrer letzten Rede, die Sie selbst gehalten haben! Was war der Anlass, wer waren die Adressaten und was ist Ihnen von dieser Rede in Erinnerung geblieben?

VORLAGE 9b

Das materialgestützte informierende Schreiben:

1. Sprachliche Darstellung:
   - kurze, einfache Sätze *vs.* ausführliche Sätze
   - Erklärung von Fachwörtern *vs.* Voraussetzung der Kenntnis von Fachwörtern
2. Inhalt:
   - abwechslungsreiche Darstellung *vs.* monoton geführte Darstellung
   - persönlicher Kontakt zu Zuhörern *vs.* kein Kontakt zu Zuhörern
3. Verwendung der Materialien:
   - alle Materialien auswählen *vs.* nur ausgewählte Materialien auswählen
   - Materialien unreflektiert übernehmen *vs.* Materialien kritisch betrachten
   - Eigenwissen wichtiger als Materialien *vs.* Materialien wichtiger als Eigenwissen

9.3 Erarbeiten einer gemeinsamen Checkliste (fakultativ)

Unterrichtsschritt. Die Schülerinnen und Schüler überlegen nun gemeinsam mit der Lehrkraft, wie man einen Text gliedert und einen Schreibplan überarbeitet. Dazu nutzt die Lehrkraft VORLAGE 9c ***Checkliste für die Bearbeitung***. Im Unterrichtsgespräch entsteht eine gemeinsam vervollständigte Checkliste, die auch eine Überarbeitungsphase nach dem Verfassen des Texts berücksichtigt.

UG

VORLAGE 9c
➤ S. 86

Erläuterungen. Wenn die Lehrkraft auf diesen Schritt verzichten möchte, kann sie die Checkliste auch in den Lehrervortrag (Unterrichtsschritt 9.2) integrieren. Die vervollständigte VORLAGE 9c kann später auch als Infoblatt an die Lerngruppe ausgeteilt bzw. digital verfügbar gemacht werden.

Leitfragen:

1. Ergänzen Sie die VORLAGE 9c um weitere sinnvolle Fragen!
2. Ergänzen Sie weitere Tipps, die helfen, einen Text zu überarbeiten!

VORLAGE 9c

Checkliste für die Bearbeitung

Frage	Tipp	erledigt
Haben Sie alle wichtigen Informationen aus den Materialien ausgewählt, und auch ausreichend eigenes Wissen einbezogen?	Markieren, durchstreichen, Tabelle anlegen mit eigenem Wissen bzw. Materialwissen!	☐
Hat Ihr Text einen roten Faden?	Gedankliche Struktur überdenken (Einleitung, Hauptteil, Schluss)! Überprüfen, ob die Funktion eines jeden Absatzes zu benennen ist!	☐
Haben Sie die Adressaten entsprechend berücksichtigt?	Sich vorstellen, Zuhörer zu sein, der mit der Thematik des Textes nicht vertraut ist. Versuchen Sie, Ihren Vortrag aus der Perspektive dieser Person zu bewerten! Zitiertechnik überprüfen! Passende Satzverknüpfungen und Publikumsanrede einsetzen!	☐
		☐
		☐
		☐

9.4 Klären der Aufgabenstellung

Unterrichtsschritt. Nach gemeinsamer Lektüre von ARBEITSBLATT 9a ***Aufgabenstellung*** werden wichtige Passagen im Unterrichtsgespräch hervorgehoben und vom Kurs unterstrichen/markiert. Die Schülerinnen und Schüler filtern aus der Aufgabenstellung die Kernaussagen, um die Aufgabenstellung in ihrer Ganzheit zu erfassen.

UG

ARBEITSBLATT 9a
➤ S. 90
Lösungshinweise
➤ S. 111

Erläuterungen. Gegebenenfalls verdeutlicht die Lehrkraft, dass nicht das Verhältnis zwischen Geschwistern thematisiert werden soll, sondern vielmehr der Einfluss auf den Protagonisten das relevante Untersuchungskriterium darstellt. Das angebotene Material kann theoretisch auch ohne Textkenntnis der entsprechenden Lektüren genutzt werden. Die vorgegebene Anzahl der Wörter ist per se nicht für die Bewertung maßgeblich, sondern dient den Schülerinnen und Schülern zur Orientierung.

Leitfragen:
1. Unterstreichen/markieren Sie die Kernaussagen der Aufgabenstellung, um diese in ihrer Ganzheit zu erfassen!
2. Klären Sie im Unterrichtsgespräch mit der Lehrkraft etwaige Unklarheiten!

9.5 Arbeit mit Material zu Gustls Schwester Klara

Unterrichtsschritt. Die Schülerinnen und Schüler bearbeiten in Einzelarbeit das ARBEITSBLATT 9b ***Texte zum materialgestützten informierenden Schreiben 1***. Sie sollen die beiden Materialien gewinnbringend für ihren Vortrag nutzen und einen ersten Schreibplan zum Thema verfassen. Die Schülerinnen und Schüler erschließen zentrale Inhalte aus dem Material bzw. der Lektüre. Sie erkennen die Figurenbeziehung zwischen Klara und Gustl und analysieren Klaras Einfluss auf ihren Bruder. In diesem Zusammenhang erfolgt auch eine Charakterisierung Gustls.

EA

ARBEITSBLATT 9b
➤ S. 91

Erläuterungen. Die Gedichtstrophe Heyses könnte sich als Einstieg in den Vortrag eignen. In den Textauszügen aus *Lieutenant Gustl* kreisen Gustls Gedanken unter anderem um Klara. Die Schwester Gustls wird im Werk insgesamt 17-mal genannt. Im Vergleich dazu findet die Mutter 14-mal, der Vater 6-mal und Steffi 29-mal Erwähnung. Die Schüler sollten stichpunktartig zu den Ergebnissen kommen, die in der Sachanalyse und im TAFELBILD 9 (siehe Unterrichtsschritt 9.7) aufgezeigt werden. Allgemein bleibt nach dem Durchforsten des Materials festzuhalten, dass ein Einfluss von Klara auf Gustl kaum greifbar ist, auch wenn dieser seine Schwester durchaus wertschätzt. Sie kann also – bezogen auf die Aufgabenstellung – nicht als heimliche Lenkerin Gustls angesehen werden, obwohl sie als ältere Schwester durchaus Vorbildcharakter für ihn aufweisen könnte. Ihr Einfluss auf Gustl ist zu gering.

9.6 Arbeit mit den weiteren Materialien

Unterrichtsschritt. Die Schülerinnen und Schüler erschließen in Partner- oder alternativ auch in Gruppenarbeit zentrale Inhalte aus ARBEITSBLATT 9c bis ARBEITSBLATT 9e ***Texte zum materialgestützten informierenden Schreiben 2–4*** und filtern die notwendigen Informationen für ihren Vortrag heraus. Der Schreibplan wird entsprechend ergänzt. Sie erkennen Figurenbeziehungen und nehmen Charakterisierungen bezüglich der Beeinflussung von Geschwistern vor.

PA oder GA

ARBEITSBLATT 9c
bis
ARBEITSBLATT 9e
➤ S. 93–96

Erläuterungen. Die Sachanalyse und das TAFELBILD 9 (siehe Unterrichtsschritt 9.7) bieten Orientierung, welche Ergebnisse zu erwarten sind.

9.7 Gemeinsame Überprüfung der Ergebnisse

UG

TAFELBILD 9

➤ S. 88

Unterrichtsschritt. Die Schülerinnen und Schüler präsentieren im Unterrichtsgespräch ihre Ergebnisse und diskutieren gegebenenfalls unterschiedliche Punkte miteinander. Sicherlich sind in diesem Unterrichtsschritt noch Ergänzungen oder Korrekturen von Seiten der Lehrkraft nötig. Das gemeinsam erstellte TAFELBILD 9 soll allen Kursteilnehmern helfen, das Wissen über die vorgegebene Thematik zu schärfen.

Alternativen. Die Unterrichtsschritte 9.6 und 9.7 können auch vertauscht werden. So kann die Lehrkraft beispielsweise unmittelbar nach der Bearbeitung des ARBEITSBLATTS 9b zu Klara und Gustl mit der Lerngruppe das TAFELBILD 9 erstellen, den Teil mit den weiteren Materialien (ARBEITSBLATT 9c bis ARBEITSBLATT 9e) aber noch zurückhalten.

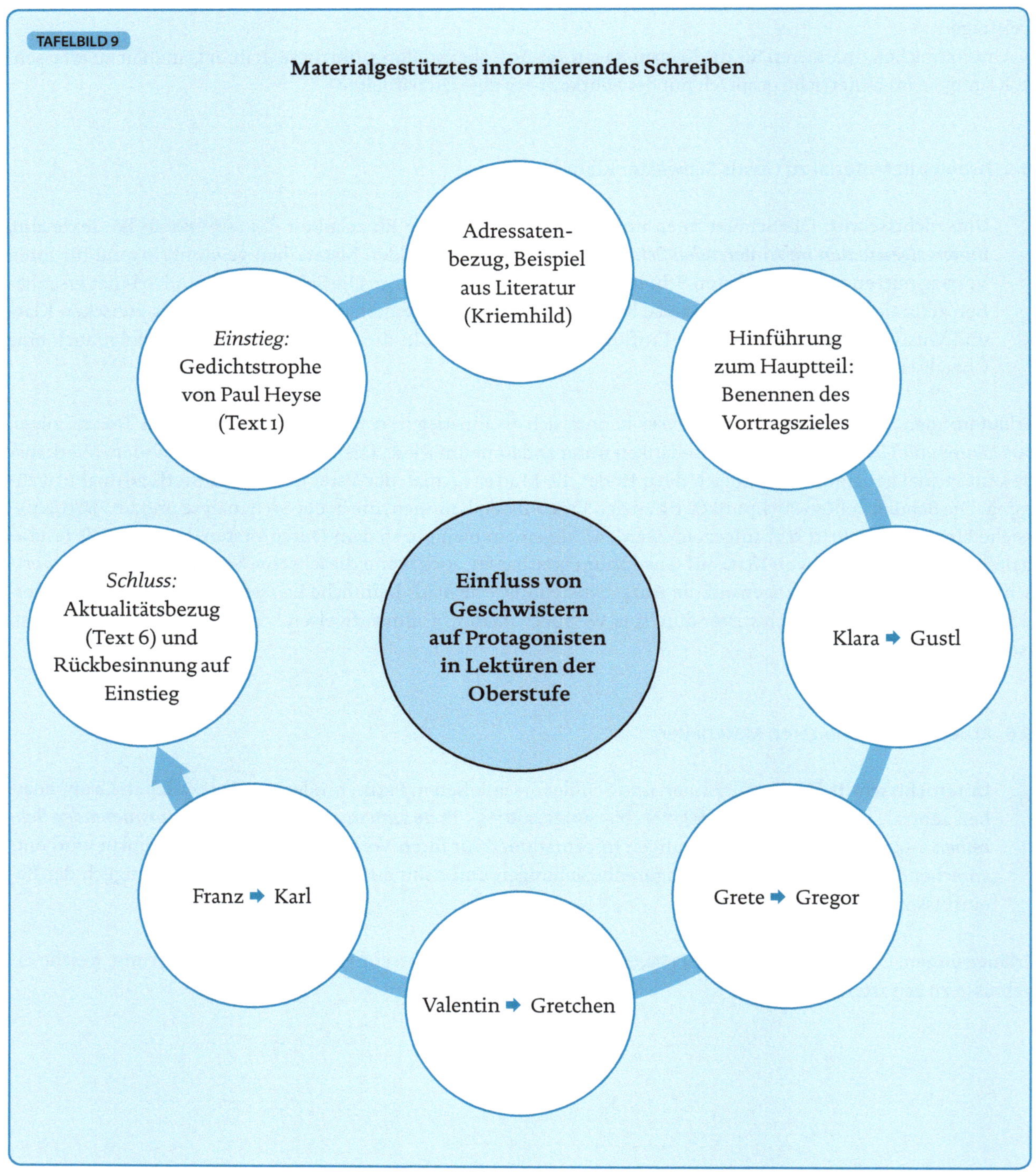

TAFELBILD 9 (Fortsetzung)

Klara ➡ Gustl (*Lieutenant Gustl*)	**Grete ➡ Gregor** (*Die Verwandlung*)	**Valentin ➡ Gretchen** (*Faust I*)	**Franz ➡ Karl** (*Die Räuber*)
Trotz Wertschätzung Gustls gegenüber Klara: 1) kein Abweichen von den Selbstmordgedanken bei Gustl 2) kein ernsthafter Abschied Gustls (z. B. Besuch oder Brief) 3) Besuch der Kirche trotz negativer Einstellung Klaras 4) kein Einwirken auf Gustls ausgelebte Sexualität 5) kein enges Verhältnis zum Bruder (kaum Wissen über Alltag)	Verhaltensänderung gegenüber Gregor: 1) zunächst Fürsorge Gretes gegenüber Gregor, Hilfsbedürftigkeit 2) Angst/Zittern beim Aufräumen durch Grete 3) Anlocken Gregors aus dem Zimmer mit Musikspiel 4) entscheidender Einfluss auf Gregors Tod	Streit kurz vor Valentins Tod: 1) heftige verbitterte Vorwürfe lösen Entsetzen bei Gretchen aus 2) sie kann sich dennoch nicht von Faust lösen	Der Bruderkonflikt: 1) Plan von Franz als entscheidender Antrieb für Karl, die Räuberbande zu gründen 2) Rachegelüste Karls 3) Selbsterkenntnis als »Narr« am Ende 4) »antiautoritäres Kinderspiel« und »modernes Gang-Drama«
➡ Klara: **kein Einfluss**, keine heimliche »Lenkerin«	➡ Grete: **hoher Einfluss** auf Gregor, Entwicklung von der heimlichen zur offensichtlichen »Lenkerin«	➡ Valentin: **geringer Einfluss** auf Gretchen, dennoch werden die Wucht und die Wirkung seiner Worte erkennbar	➡ Franz: **hoher Einfluss** auf Karl, aufgrund der List tatsächlich heimlicher »Lenker« Karls, allerdings mit Verlust der Kontrolle über die Situation

9.8 Verfassen des Vortrags

Unterrichtsschritt. Die Schülerinnen und Schüler sind nun vorbereitet, den materialgestützten informierenden Vortrag zu verfassen. Sie wenden ihr in der Unterrichtsstunde erschlossenes Wissen an und übertragen es auf die Aufgabenstellung des ARBEITSBLATTS 9a (s. Unterrichtsschritt 9.4, S. 87) mitsamt dem dort vorgegebenen situativen Rahmen. EA

Alternative. Der Unterrichtsschritt kann auch in Form einer Hausaufgabe erfolgen.

Erläuterungen. Die Lehrkraft sollte jeden einzelnen Schüleraufsatz korrigieren und für Fragestellungen zur Verfügung stehen. Es bietet sich an, in einer der Folgestunden nach der Herausgabe der korrigierten Aufsätze mindestens einige Vorträge im Kurs halten zu lassen und diese gemeinsam mit den Kursteilnehmern zu besprechen.

Falls das Ergebnis beurteilt werden soll, erfolgt die Notenbildung als Gesamtwürdigung der individuellen Herangehensweise. Kriterien für eine gute Leistung sind z. B. die differenzierte Auswertung der Materialien und das eigenständige Verknüpfen von relevanten Informationen aus den Materialien mit eigenen Kenntnissen. Die differenzierte und schlüssige Entfaltung des Themas unter Berücksichtigung von Situation und Adressaten ist ebenso gefordert wie das sichere Anwenden fachspezifischer Verfahren und Terminologien. Auch eine eigenständig gegliederte, syntaktisch und begrifflich sichere und formalsprachlich korrekte Darstellung wird positiv bewertet.

Aufgabenstellung

Ihr Deutschkurs ist an einem fächerübergreifenden Projekttag der Oberstufe zum Thema »Die Familie: Eine Betrachtung aus natur- und geisteswissenschaftlicher Perspektive« beteiligt und gestaltet dazu in einem Klassenzimmer Ihrer Schule die Ausstellung »Nur Randfiguren oder doch heimliche Lenker? Geschwister in der deutschsprachigen Literatur«. Im Ausstellungsraum sollen literarische Texte, Sachinformationen, veranschaulichendes Bildmaterial und audiovisuelle Beiträge präsentiert werden.

Sie erhalten den Auftrag, einen einführenden Vortrag zu dieser Ausstellung zu halten, in dem Sie die anwesenden Schüler, Lehrkräfte, Eltern und Gäste über Ihr Thema »Vom Einfluss der Geschwister auf das Verhalten von Protagonisten in ausgewählten Schullektüren der Oberstufe« informieren.

Verfassen Sie diesen Vortragstext! Berufen Sie Sich dabei schwerpunktmäßig auf passende Schullektüren. Beiliegendes Material bietet Auszüge aus den Werken *Lieutenant Gustl* (Arthur Schnitzler), *Die Verwandlung* (Franz Kafka), *Faust I* (Johann Wolfgang Goethe) sowie Sachtexte zu *Die Räuber* (Friedrich Schiller) an. Verarbeiten Sie das Material auf eine erkennbare Art und Weise! Ergänzen Sie Ihre anhand der Materialien erarbeitete Darstellung um weitere eigene Kenntnisse zu diesem Thema in der Literatur und ggf. im Film. Zitate aus den Materialien werden dem Stil des Vortrags entsprechend ohne Zeilenangabe nur unter Nennung des Autors und ggf. des Titels zitiert.

Ihr Vortragstext soll etwa 900 Wörter umfassen.

Texte zum materialgestützten informierenden Schreiben 1

Text 1: Gedichtstrophe von Paul Heyse (1830–1914, Nobelpreis für Literatur 1910)

»Ein Bruder und eine Schwester,
Nichts Treueres kennt die Welt,
Kein Goldkettchen hält fester,
Als eins am andern hält.«

Paul Heyse: Gesammelte Werke. 3 Reihen in 15 Bänden.
Bd. I,5. Stuttgart 1924. S. 144.

Text 2: Auszüge aus Arthur Schnitzlers »Lieutenant Gustl«

»– ein Bub war ich ja noch, wie ich damals den ersten Urlaub gehabt hab' und in Graz bei den Eltern zu Haus war … der Riedl war auch dabei – eine Böhmin ist es gewesen … die muss doppelt so alt gewesen sein, wie ich – in der Früh bin ich erst nach Haus gekommen … Wie mich der Vater ang'schaut hat … und die Klara … Vor der Klara hab' ich mich am meisten g'schämt … Damals war sie verlobt … warum ist denn nichts draus geworden? Ich hab' mich eigentlich nicht viel drum gekümmert … Armes Hascherl, hat auch nie Glück gehabt – und jetzt verliert sie noch den einzigen Bruder … Ja, wirst mich nimmer seh'n, Klara – aus! Was, das hast Du Dir nicht gedacht, Schwesterl, wie Du mich am Neujahrstag zur Bahn begleitet hast, dass Du mich nie wieder seh'n wirst? – Und die Mama … Herrgott, die Mama … nein, ich darf daran nicht denken … wenn ich daran denk', bin ich imstand, eine Gemeinheit zu begehen … Ah … wenn ich zuerst noch nach Haus fahren möcht' … sagen, es ist ein Urlaub auf einen Tag … noch einmal den Papa, die Mama, die Klara seh'n, bevor ich einen Schluss mach' … Ja, mit dem ersten Zug um sieben kann ich nach Graz fahren, um eins bin ich dort … Grüß' Dich Gott, Mama … Servus, Klara! Na, wie geht's Euch denn? … Nein, das ist eine Überraschung!… Aber sie möchten was merken … wenn niemand anders … die Klara … die Klara gewiss … Die Klara ist ein so gescheites Mädel … Wie lieb sie mir neulich geschrieben hat, und ich bin ihr noch immer die Antwort schuldig – und die guten Ratschläge, die sie mir immer gibt … ein so seelengutes Geschöpf … Ob nicht alles ganz anders geworden wär', wenn ich zu Haus geblieben wär'? […] … aber auf's Gut könnt' ich … und der Mama und dem Papa und der Klara möcht's doch tausendmal lieber sein, wenn ich nur lebendig blieb'… […] auch das mit der Mama und mit der Klara ist ein Unsinn – die werden's schon verschmerzen – man verschmerzt alles ... Wie hat die Mama gejammert, wie ihr Bruder gestorben ist – und nach vier Wochen hat sie kaum mehr dran gedacht ... auf den Friedhof ist sie hinausgefahren ... zuerst alle Wochen, dann alle Monat – und jetzt nur mehr am Todestag. – – Morgen ist mein Todestag – fünfter April. – – Ob sie mich nach Graz überführen? Haha! da werden die Würmer in Graz eine Freud' haben! – Aber das geht mich nichts an – darüber sollen sich die andern den Kopf zerbrechen... [...] Ja, da kann man auch nicht verlangen, dass sie [Steffi] auf den Friedhof hinauskommt ... Wer ging denn überhaupt mit, wenn er nicht müsst'! Vielleicht der Kopetzky, und dann wär' Rest! – Ist doch traurig, so gar niemanden zu haben ... Aber so ein Unsinn! der Papa und die Mama und die Klara ... Ja, ich bin halt der Sohn, der Bruder ... aber was ist denn weiter zwischen uns? gern haben sie mich ja – aber was wissen sie denn von mir? – Dass ich meinen Dienst mach', dass ich Karten spiel' und dass ich mit Menschern herumlauf' ... aber sonst? – Dass mich manchmal selber vor mir graust, das hab' ich ihnen ja doch nicht geschrieben – na, mir scheint, ich hab's auch selber gar nicht recht gewusst – – [...] Möcht' in die Kirche hineingehn ... am End' ist doch was dran... [...] Ich glaub', der Mama wär's ein Trost, wenn sie das wüsst'! ... Die Klara gibt weniger drauf ... Na, gehn wir hinein – schaden kann's ja nicht! [...] Ringstraße – jetzt bin ich ja bald in meinem Kaffeehaus ... Mir scheint gar, ich freu' mich auf's Frühstück ... es ist nicht zum glauben. – – Ja, nach dem Frühstück zünd' ich mir eine Zigarr' an, und dann geh' ich nach Haus und schreib' ... Ja, vor allem mach' ich die Anzeige an's Kommando; dann kommt der Brief an die Klara – dann an den Kopetzky – dann an die Steffi... [...] Der Klara muss ich ausführlich schreiben, dass ich nicht hab' anders können ... ›Du musst mir verzeihen, liebste Schwester, und bitte, tröste auch die lieben Eltern. Ich weiß, dass ich Euch allen manche Sorge gemacht habe und manchen Schmerz bereitet; aber glaube mir, ich habe Euch alle immer sehr lieb gehabt, und ich hoffe, Du wirst noch einmal glücklich werden, meine liebe Klara, und Deinen unglücklichen Bruder nicht ganz vergessen‹ – Ah, ich schreib' ihr lieber gar nicht! ... Nein, da wird mir zum Weinen ... es beißt mich ja schon in den Augen, wenn ich dran denk' ... Höchstens dem Kopetzky schreib' ich – ein kameradschaftliches Lebewohl, und er soll's den andern ausrichten ...«

Lieutenant Gustl, Reclam XL, S. 27–41 [Auszüge].

ARBEITSBLATT 9c

Texte zum materialgestützten informierenden Schreiben 2

Text 3: Auszüge aus Franz Kafka »Die Verwandlung«. Die jüngere Schwester von Gregor Samsa ist 17 Jahre alt.

»Als Gregor Samsa eines Morgens aus unruhigen Träumen erwachte, fand er sich in seinem Bett zu einem ungeheueren Ungeziefer verwandelt. […] ›Also kann der Herr Prokurist schon zu dir hinein?‹, fragte der ungeduldige Vater und klopfte wiederum an die Tür. ›Nein‹, sagte Gregor. Im Nebenzimmer links trat eine peinliche Stille ein, im Nebenzimmer rechts begann die Schwester zu schluchzen. Warum ging denn die Schwester nicht zu den anderen? Sie war wohl erst jetzt aus dem Bett aufgestanden und hatte noch gar nicht angefangen sich anzuziehen. Und warum weinte sie denn? Weil er nicht aufstand und den Prokuristen nicht hereineinließ, weil er in Gefahr war, den Posten zu verlieren und weil dann der Chef die Eltern mit den alten Forderungen wieder verfolgen würde? Das waren doch vorläufig wohl unnötige Sorgen. […] Gregor sah ein, dass er den Prokuristen in dieser Stimmung auf keinen Fall weggehen lassen dürfe, wenn dadurch seine Stellung im Geschäft nicht aufs Äußerste gefährdet werden sollte. […] Wäre doch die Schwester hier gewesen! Sie war klug; sie hatte schon geweint, als Gregor noch ruhig auf dem Rücken lag. Und gewiss hätte der Prokurist, dieser Damenfreund, sich von ihr lenken lassen; sie hätte die Wohnungstür zugemacht und ihm im Vorzimmer den Schrecken ausgeredet. […]

Hätte Gregor nur mit der Schwester sprechen und ihr für alles danken können, was sie für ihn machen musste, er hätte ihre Dienste leichter ertragen; so aber litt er darunter. Die Schwester suchte freilich die Peinlichkeit des Ganzen möglichst zu verwischen, und je längere Zeit verging, desto besser gelang es ihr natürlich auch, aber auch Gregor durchschaute mit der Zeit alles viel genauer. Schon ihr Eintritt war für ihn schrecklich. Kaum war sie eingetreten, lief sie, ohne sich Zeit zu nehmen, die Türe zu schließen, so sehr sie sonst darauf achtete, jedem den Anblick von Gregors Zimmer zu ersparen, geradewegs zum Fenster und riss es, als ersticke sie fast, mit hastigen Händen auf, blieb auch, selbst wenn es noch so kalt war, ein Weilchen beim Fenster und atmete tief. Mit diesem Laufen und Lärmen erschreckte sie Gregor täglich zweimal; die ganze Zeit über zitterte er unter dem Kanapee und wusste doch sehr gut, dass sie ihn gewiss gerne damit verschont hätte, wenn es ihr nur möglich gewesen wäre, sich in einem Zimmer, in dem sich Gregor befand, bei geschlossenem Fenster aufzuhalten. […]

Bald kam der Vater mit dem Notenpult, die Mutter mit den Noten und die Schwester mit der Violine. Die Schwester bereitete alles ruhig zum Spiele vor. […] Die Schwester begann zu spielen; […] Gregor hatte, von dem Spiele angezogen, sich ein wenig weiter vorgewagt und war schon mit dem Kopf im Wohnzimmer. Er wunderte sich kaum darüber, dass er in letzter Zeit so wenig Rücksicht auf die andern nahm; […] Er war entschlossen, bis zur Schwester vorzudringen, sie am Rock zu zupfen und ihr dadurch anzudeuten, sie möge doch mit ihrer Violine in sein Zimmer kommen, denn niemand lohnte hier das Spiel so, wie er es lohnen wollte. Er wollte sie nicht mehr aus seinem Zimmer lassen, wenigstens nicht, solange er lebte; […] ›Liebe Eltern‹, sagte die Schwester und schlug zur Einleitung mit der Hand auf den Tisch, ›so geht es nicht weiter. Wenn ihr das vielleicht nicht einsehet, ich sehe es ein. Ich will vor diesem Untier nicht den Namen meines Bruders aussprechen, und sage daher bloß: wir müssen versuchen, es loszuwerden. […]‹«

Franz Kafka: Die Verwandlung. Hrsg. von Ralf Kellermann. (Reclam XL. Text und Kontext. 19125.) Stuttgart: Reclam, 2013. S. 5, 13, 20 f., 33, 52 f., 56.

ARBEITSBLATT 9d

Texte zum materialgestützten informierenden Schreiben 3

Text 4: Auszug aus »Faust I« von Johann Wolfgang Goethe

VALENTIN. Ich sterbe! das ist bald gesagt
Und bälder noch getan.
Was steht ihr Weiber heult und klagt?
Kommt her und hört mich an! *(Alle treten um ihn.)*
Mein Gretchen sieh! du bist noch jung,
Bist gar noch nicht gescheit genung,
Machst deine Sachen schlecht.
Ich sag dir's im Vertrauen nur:
Du bist doch nun einmal eine Hur;
So sei's auch eben recht.
GRETCHEN. Mein Bruder! Gott! Was soll mir das?
VALENTIN. Lass unsern Herrgott aus dem Spaß.
Geschehn ist leider nun geschehn,
Und wie es gehn kann, so wird's gehn.
Du fingst mit Einem heimlich an,
Bald kommen ihrer mehre dran,
Und wenn dich erst ein Dutzend hat,
So hat dich auch die ganze Stadt.

Wenn erst die Schande wird geboren,
Wird sie heimlich zur Welt gebracht,
Und man zieht den Schleier der Nacht
Ihr über Kopf und Ohren;
Ja, man möchte sie gern ermorden.
Wächst sie aber und macht sich groß,
Dann geht sie auch bei Tage bloß,
Und ist doch nicht schöner geworden.
Je hässlicher wird ihr Gesicht,
Je mehr sucht sie des Tages Licht.
Ich seh wahrhaftig schon die Zeit,
Dass alle brave Bürgersleut,
Wie von einer angesteckten Leichen,
Von dir, du Metze! seitab weichen.
Dir soll das Herz im Leib verzagen,
Wenn sie dir in die Augen sehn!
Sollst keine goldne Kette mehr tragen!
In der Kirche nicht mehr am Altar stehn!
In einem schönen Spitzenkragen
Dich nicht beim Tanze wohlbehagen!
In eine finstre Jammerecken
Unter Bettler und Krüppel dich verstecken,
Und wenn dir dann auch Gott verzeiht,
Auf Erden sein vermaledeit!

MARTHE. Befehlt Eure Seele Gott zu Gnaden!
Wollt Ihr noch Lästrung auf Euch laden?
VALENTIN. Könnt ich dir nur an den dürren Leib,
Du schändlich kupplerisches Weib!
Da hofft' ich aller meiner Sünden
Vergebung reiche Maß zu finden.
GRETCHEN. Mein Bruder! Welche Höllenpein!
VALENTIN. Ich sage, lass die Tränen sein!
Da du dich sprachst der Ehre los,
Gabst mir den schwersten Herzensstoß.
Ich gehe durch den Todesschlaf
Zu Gott ein als Soldat und brav. *(Stirbt.)*

Johann Wolfgang Goethe: Faust. Der Tragödie Erster Teil. Hrsg. von Wolf Dieter Hellberg. (Reclam XL. Text und Kontext. 19152.) Stuttgart: Reclam, 2014. S. 109 f.

Texte zum materialgestützten informierenden Schreiben 4

Text 5: Aus einer Deutung zu Schillers Drama »Die Räuber« (1781/82):

»Wären *Die Räuber* nur das Familienstück von den feindlichen Brüdern und nicht auch ein politisches, so wäre gar nicht zu begreifen, warum Franz […] geradezu explodiert mit [einer] Schimpfrede auf sein Volk. Die Übersteigerung des Tyrannischen fasste Schiller selbst im Vorwurf der »Karikatur« und begründete dies als ästhetische Schutzmaßnahme für den Zuschauer, dem das Lasterhafte nicht deutlich genug sein könnte. Dahinter steckt freilich eine politische Schutzgebärde: Die Überzeichnung des Despoten schützt vor der historischen Glaubwürdigkeit, so dass der Zuschauer statt eines ›Leider, so ist es!‹ eher zur Reaktion mit einem ›So schlimm ist es nun auch wieder nicht!‹ gebracht wird. Die Despotie des Franz Moor, die doch die Realität des ganzen Stücks beherrscht, erscheint in dieser Strategie als ein böser Traum […]. Die Räuber-Handlung ist, verglichen mit dem, was der Autor seinem Franz Moor in den Kopf setzt, sozialpsychologisch betrachtet fast ein ›antiautoritäres Kinderspiel‹. Genau so ist sie verankert im Autoritätskonflikt und in den idealischen Kindheitsphantasien des Karl Moor, der für die räuberische Wirklichkeit nicht geboren ist. Eine Abwertung ist mit dieser Wertung keineswegs gemeint. Die Räuber-Handlung war und ist die revolutionäre Attraktion des Stückes.«

Klaus R. Scherpe: Die Räuber. In: Schillers Dramen. Neuinterpretationen. Hrsg. von Walter Hinderer. Stuttgart: Reclam, [2]1983. S. 20–23.

Text 6: Aus einer Produktbeschreibung für eine Hörspielfassung von Schillers »Die Räuber«.

Friedrich Schillers »Die Räuber« – REMIXED

More Drama, Baby! Schillers »Die Räuber« in völlig neuem Gewand – eingesprochen von Bandmitgliedern von Jupiter Jones, Knorkator, Ohrbooten, Der Fall Böse, Beatsteaks, Gleis 8 sowie Celina Bostic und Friedrich Liechtenstein.

Als Schillers »Die Räuber« 1782 uraufgeführt wurde, verursachte es tumultartige Zustände im Theater. Das revolutionäre Drama bewirkte einen handfesten Skandal. Seitdem ist tonnenweise Kunstblut auf deutschen Bühnen geflossen und hunderte Bühnentode wurden gestorben. Bis heute ist Schillers Stück dank seines zeitlosen Kerns ein Klassiker.

Wie zeitlos, zeigt die Hörspiel-Neubearbeitung von Carolin-Therese Wolff. Sie katapultiert Schillers Drama ins Berlin der Gegenwart. Die Straße macht den Beat, wenn der mörderische Bruderkampf zwischen Karl und Franz Moor zu einem modernen Gang-Drama wird. Was bleibt: Eine gnadenlose Geschichte um Rivalität, Freiheitsdrang, Gesetzeslosigkeit und zerstörerische Liebe.

www.audible.de/pd/Die-Raeuber-REMIXED-Hoerbuch/B0112QPFUA (Stand: 7.8.2019). – Mit Genehmigung der Audible GmbH, Berlin.

10 Klausurvorschläge

10.1 Textbezogenes Verfassen eines argumentierenden Textes mit journalistischer Variante: Essay

Klausuraufgabe

Verfassen Sie für die in ARBEITSBLATT 9a (S. 90) genannte Ausstellung einen Essay zu dem Thema:

Männliches Klischeedenken innerhalb einer Beziehung zwischen Mann und Frau im 21. Jahrhundert unter besonderer Berücksichtigung der Darstellung von Frauenrollen in Arthur Schnitzlers *Lieutenant Gustl*

Beachten Sie dabei die Beziehungen des Protagonisten Gustl zu Frauen, aber auch das Verhältnis zu dessen älterer Schwester Klara, indem Sie die Materialien von ARBEITSBLATT 9b (S. 91) sowie den nachfolgenden Textauszug auf eine erkennbare Art und Weise verwenden!

Wörteranzahl: 800 Wörter

Textauszug

»Im Sachwörterbuch der Literatur sind Klischees folgendermaßen definiert: ›[Klischees sind] vorgeprägte Wendungen, abgegriffene und durch allzu häufigen Gebrauch verschlissene Bilder, Ausdrucksweisen, Rede- und Denkschemata, die ohne individuelle Überzeugung einfach unbedacht übernommen werden.‹ – Gero von Wilpert: *Sachwörterbuch der Literatur.* Stuttgart 1970. – Ein Beispiel für ein auf eine Personengruppe bezogenes, positives Klischee: ›Die Deutschen sind sehr pünktlich‹.«

Klischee. In: Wikipedia. Die freie Enzyklopädie, de.wikipedia.org/wiki/Klischee#Definition (Stand: 16.5.2019). – CC BY-SA 3.0.

Lösungshinweise

Der Essay ist eine subjektive, interpretierende und wertende Anmerkung zu einem bestimmten Thema mit Sprachwitz und rhetorischen Elementen. Dabei gibt es eine Vielzahl an Möglichkeiten, seine Überzeugungen zu begründen. Inhaltlich gesehen ist der Essay eine anspruchsvolle Textsorte. Man kann ihn mit einem Spaziergang durch ein Themengebiet vergleichen, bei welchem ein abruptes Stehenbleiben, sorgfältiges Umblicken, überraschende Abkürzungen oder ein Wechsel beim Gangtempo etc. auftreten können. Der Essay folgt keinem strikten Aufbau. Sein Ziel ist es, zu unterhalten und zugleich zum Nachdenken anzuregen.

Allgemeines zur Aufgabenstellung

Der Essay thematisiert schwerpunktmäßig das männliche Klischeedenken zwischen dem Mann und der Frau im 21. Jahrhundert. Die Schülerinnen und Schüler werden dazu aufgefordert, unter Berücksichtigung der Frauenrollen im *Lieutenant Gustl* (einschließlich der Schwester Klara) einen inhaltlich anspruchsvollen Beitrag zur (zeitlosen) Debatte rund um das Klischeedenken zwischen Mann und Frau zu führen. Dabei wird erwartet, dass der Beitrag für eine Ausstellungseröffnung geschrieben wird. Der Essay muss also sprachlich seriös gehalten sein, da der vermutete Adressat ein ernsthafter Zuhörer ist, den die Schülerinnen und Schüler nicht zwingend kennen. Die Aufgabenstellung verlangt ausdrücklich, dass sie den Essay unter angemessenen Einbezug des beigefügten Materials und der Definition (Textauszug) verfassen. Sprachlich wird der geschickte Einsatz von rhetorischen Stilmitteln erwartet. Weitere Mittel beim Essay sind z. B. die Verwertung des Materials auf eine geistreiche Art und Weise, informative, argumentative und unterhaltsame Passagen im Wechsel, expressive und appellative Passagen, kurze fiktionale Passagen und Ironie.

Struktur und Inhalt des Aufsatzes

Die Schülerinnen und Schüler stellen eigene sowie aus der kritischen Auswertung des vorgelegten Materials gewonnene Erkenntnisse differenziert dar und ordnen diese nach sachlogischen Zusammenhängen. Präzise Themenerschließung, formgerechtes Gliedern des Aufsatzes, ein angemessener Grad der Reflexion, eine der Schreibform entsprechende Zitierweise sowie Gewandtheit und Sicherheit bei der sprachlichen Gestaltung sind Voraussetzungen für eine gelungene Arbeit. Grundsätzlich sind die Schülerinnen und Schüler frei in der Strukturierung ihrer Ausführungen.

Einstieg

Möglich ist als Einstieg zunächst eine verkürzte und sprachlich dem Essay angepasste Definition des Begriffes »Klischeedenken« (vgl. dazu die Aufgabenstellung). Im Anschluss daran bietet es sich an, eine Illustration von beispielhaften männlichen (z. T. auch provozierenden) Klischees in der Beziehung zwischen Mann und Frau im 21. Jahrhundert vorzustellen. Denkbar sind z. B. die Einstellung zum Heiraten (eher abwartend), die Degradierung von Frauen zu Sexualobjekten (z. B. in diversen Musikvideos) und die Verführung mehrerer Frauen mit dem Ziel der Selbstbestätigung oder der Bestätigung im Freundeskreis.

Hauptteil

Im weiteren Verlauf soll eine essayistische Beleuchtung der verschiedenen Thesen zum männlichen Klischeedenken in der Beziehung zwischen Mann und Frau unter Bezugnahme auf passende, die Frauenrollen verdeutlichende Szenen aus *Lieutenant Gustl* stattfinden. Denkbar – die im Einstieg genannten Beispiele wieder aufgreifend – wäre z. B. beim Protagonisten:

- Einstellung zum Heiraten: Eine Hochzeit ist für Gustl in dessen momentaner Lebenssituation keine Option, auch wenn er zugibt, es habe »schon was für sich, so immer gleich ein hübsches Weiberl zu Haus vorrätig zu haben.« Allerdings fürchtet er allein schon die finanziellen Aufwendungen einer längeren Beziehung: »Wenn ich so denk', was dem Fließ sein Verhältnis mit der Winterfeld kostet!« (beide Zitate aus *Lieutenant Gustl*, Reclam XL, S. 13).
- Degradierung von Frauen zu Sexualobjekten oder Verführung mehrerer Frauen mit dem Ziel der Selbstbestätigung oder der Bestätigung im Freundeskreis: Gustls Sexualität entspricht nicht dem traditionellen konservativen bürgerlichen Bild der damaligen Zeit, aber wohl seiner Rolle bzw. seinem Stand beim Militär. Seine sexuellen Affären (bereits vor der Beziehung zu Steffi) sind nicht auf Familiengründung angelegt und auch nicht einer Verliebtheit geschuldet, sondern dienen der Erfüllung des sexuellen Triebes. Dies trifft auch auf Steffi zu: »Ist doch ein Glück, dass ich nicht in sie verliebt war« (S. 41). Gustls Denken ist von intensivem sexuellem Interesse geprägt. Für ihn sind sexuelle Abenteuer und Erfahrungen als Erfolge und Frauen als Beutestücke und Objekte zu sehen. Das Menschliche hinter den Affären interessiert ihn kaum bis gar nicht: »Ob so ein Mensch Steffi oder Kunigunde heißt, bleibt sich gleich« (S. 31). Die Tatsache, dass Gustl über Interna in den Beziehungen seiner Kameraden Bescheid weiß, deutet darauf hin, dass untereinander ein Austausch über die Liebschaften samt dazugehöriger Komplikationen und Probleme stattfindet.

Gustls Verhältnis zu den weiblichen Mitgliedern seiner Familie ist in einem anderen Licht zu sehen. Der Mutter zollt Gustl Respekt. Das Verhältnis zu seiner Schwester wird im TAFELBILD 9 (S. 88) deutlich. Die Ergebnisse können in den Essay einfließen. Ergänzt werden kann, dass Gustl wenig Interesse für die Belange seiner Schwester zeigt (»Damals war sie verlobt … warum ist denn nichts draus geworden? Ich hab' mich eigentlich nicht viel drum gekümmert«, S. 27), sie aber andererseits eine moralische Instanz für ihn ist (»Vor der Klara hab' ich mich am meisten g'schämt«, S. 27).

Schluss

Der Schlusssatz kann ein Paukenschlag sein, aber auch eine schlichte Synthese, ein Appell oder ein Ausblick. Das Ergebnis kann z. B. in der Feststellung bestehen, dass gewisse Strukturen und Verhaltensmuster heute noch lebendig sind, auch wenn sich die gesellschaftlichen Rahmenbedingungen seit 1900 sehr verändert haben (Synthese).

10.2 Erschließen eines literarischen Textes

Klausuraufgabe

a) Interpretieren Sie die Szene an der Garderobe und vor dem Konzertsaal aus Arthur Schnitzlers Novelle *Lieutenant Gustl* (Reclam XL, S. 14, Z. 18 bis S. 19, Z. 2: »nichts anderes«)! Charakterisieren Sie dabei die Hauptfigur Gustl und gehen Sie in diesem Zusammenhang insbesondere auf die verletzte Ehre des Protagonisten ein!

b) Zeigen Sie ausgehend von Ihren Ergebnissen vergleichend auf, wie eine Ehrverletzung bzw. Erniedrigung einer Figur in einem anderen Werk Ihrer Wahl gestaltet wird!

Hinweis: Der Schwerpunkt der Gesamtaufgabe liegt auf Teilaufgabe a).

Lösungshinweise

Einleitung

Zu Beginn steht der Basissatz mit Kontexteinordnung in wenigen Sätzen und überblicksartiger Inhaltszusammenfassung (keine Nacherzählung).

Basissatz

Beispiel: »Der vorliegende Textausschnitt zeigt, wie die Hauptfigur Gustl zu Beginn der Handlung in einem Wiener Konzerthaus aufgrund eines Fehlverhaltens, welches sich aus Gustls übersteigerter Selbstwahrnehmung als Person des Militärs entwickelt, in einen äußeren und inneren Konflikt gerät. Gustl sieht sich aufgrund der ihm zugefügten Ehrverletzung durch den Bäckermeister sowie aufgrund der möglichen Konsequenzen im Falle eines Bekanntwerdens des Vorfalls, gezwungen, Selbstmord zu begehen.«

Inhaltszusammenfassung

Mögliche wichtige inhaltliche Punkte bei der Textzusammenfassung:

- Gustl fordert nach einem für ihn langweiligen Konzert am Vorabend eines Duells und erfolglosem Flirt mit einer Frau ungeduldig seinen Mantel an der Garderobe.
- Es entsteht ein Konflikt mit dem ihm bekannten Bäckermeister, welcher vor ihm in der Schlange steht: Er verweigert Gustl eine bevorzugte Behandlung, hält, unbemerkt von den Umstehenden, den Säbel des Lieutenants fest und droht leise, diesen zu zerbrechen.
- Gustl ist von der Situation überrumpelt und handlungsunfähig.
- Um Gustl nicht die Karriere zu ruinieren, verabschiedet sich der Bäckermeister laut und freundlich vom Leutnant.
- Gustl zeigt sich im anschließenden inneren Monolog zunächst verwirrt. Als Konsequenz aus dem Ehrverlust und aus Angst, dass der Vorfall publik werden könnte,

kommt Gustl widerstrebend zur Erkenntnis, dass es für ihn keinen Ausweg als den Selbstmord gibt, um seine Ehre – nach dem geltenden militärischen Ehrenkodex – wiederherzustellen.

Zur erzählerischen, räumlichen und zeitlichen Gestaltung

Folgende Bereiche sollen – soweit möglich – analysiert und thematisiert werden:

- Erzählweise/Perspektive: Der Form des inneren Monologs ermöglicht es dem Autor, Gustls Innenleben, seine Verunsicherung und den verschlungenen Weg zur Einsicht in die Notwendigkeit des Selbstmords nachvollziehbar zu machen. Gustl ist der Situation, die über ihn hereinbricht, nicht gewachsen. Die subjektiven Gedanken werden direkt, ohne Distanz, wiedergegeben.
- Der Ort der Handlung, der Konzertsaal des Musikvereins, ist ein Raum der bürgerlichen Öffentlichkeit, in dem Gustl sich von Anfang an unwohl fühlt. Dies befördert Gustls Unruhe, seine Unsicherheit und sein Fehlverhalten gegenüber dem Bäckermeister.
- Zeitliche Gestaltung: Es erfolgen neben zeitdeckenden Passagen auch Wechsel von Zeitdehnung (z. B. beim Umdrehen des Bäckermeisters und dessen Greifen nach dem Säbel, 15,15 ff.) und Zeitraffung (z. B. erfolgt das Anziehen des Mantels und das anschließende Verlassen des Konzertsaals jeweils unbewusst, 16,33 f. bzw. 17,14 ff.). Die für das innere Erleben Gustls wichtigen Momente erhalten mehr Erzählzeit.

Textinterpretation

Wichtige Leitfragen sind allgemein bei der Bearbeitung: Wie verhalten sich Sprache und Inhalt zueinander? Welche Gründe für Verhaltensänderungen der Hauptfigur lassen sich erkennen? Die Charakterisierung des Lieutenants Gustl erfolgt unter Einbezug der Ehrverletzung und des zeitgeschichtlichen Hintergrundes sowie unter Berücksichtigung von sprachlich-stilistischer Gestaltung (Ellipsen, Fragen an sich selbst, Vergleichen wie z. B. der »Faust wie Eisen« des Bäckermeisters, 17,6), aber auch von Leitmotiven wie z. B. dem Säbel.

Aspekte der Charakterisierung

Mögliche Aspekte der Charakterisierung Gustls am Beispiel des vorliegenden Textausschnitts sind:

- Hin- und Hergerissenheit Gustls: Zunächst sexuell motiviertes erfolgloses Werben um eine Bekanntschaft mit einem Mädchen im Konzerthaus, danach aggressive Grundstimmung bis hin zum Fehlverhalten gegenüber dem Bäckermeister und dessen Reaktion; danach aber auch Ringen mit sich selbst um Haltung, z. B. bei der Übergabe von Trinkgeld an den Garderobenwärter (17,1). Gustl hinterfragt und reflektiert sein Verhalten an der Garderobe zuerst, sucht nach Rechtfertigungen und kurzfristigen Lösungsoptionen. So überlegt er unter anderem, die Gesellschaft anderer zu suchen und das Geschehen zu erzählen oder für sich zu bleiben (S. 17 f.).
- Zentrales Problem: Selbstdefinition Gustls als Soldat, nicht als Mensch. Gustl erwartet aufgrund seiner Selbstwahrnehmung als Offizier zunächst Erfolg bei der umworbenen Dame und nach der überraschenden Abfuhr Verständnis von den anderen an der Garderobe Wartenden für seine Ungeduld und sein Drängeln. Schließlich verletzt er die Regeln des bürgerlichen Anstands und beleidigt den Bäckermeister (»Sie, halten Sie das Maul«, 15,12). Trotz der unmittelbar folgenden Einsicht, dass diese Aussage »zu grob« (15,13) war, vermeidet Gustl eine Entschuldigung. Der Protagonist kann es dann nicht wahrhaben, dass der Bäckermeister ihm gegenüber anschließend so dominant auftritt. Während des Streits hat der Zivilist nicht nur den Säbel, sondern auch das Geschehen im Griff. Gustl hat keine effektive, seiner Situation und dem gültigen Ehrenkodex angemessene Reaktionsmöglichkeit. Dreimal hintereinander ist im Anschluss an die Begegnung an der Garderobe im inneren Monolog Gustls von einem ›Traum‹ die Rede, dreimal reagiert er innerlich panisch mit »Um Gotteswillen« (jeweils S. 16).

- Bedeutung des zeitgenössischen Ehrbegriffs: Die Pflicht zum Selbstmord wird am Ende des zu interpretierenden Ausschnittes als alternativlos angesehen (»gibt nichts anderes«, 19,1 f.), aber Gustl ist dem (aggressiven) Normen- und Wertesystem des Militärs, aus dem er sein Selbstverständnis bezieht, selbst nicht gewachsen: Er befindet sich in einer existenziellen Krisensituation, deren Verlauf im Folgenden dargestellt ist.
- Der Säbel als Statussymbol: Die Begegnung mit dem Bäckermeister hat fatale Folgen für das physische wie psychische Wohlbefinden, für Gustls Gefühle und Verstand. Der Säbel dient als Zeichen der Vorrangstellung; das Verhalten des Bäckermeisters führt zur Entmachtung Gustls.

Vergleich/ Zusatzaufgabe

Der Schwerpunkt des Vergleichs muss beim Motiv der Ehrverletzung bzw. der Erniedrigung einer Figur in einem anderen Werk liegen. Möglich sind z. B. *Woyzeck* oder *Bahnwärter Thiel.* Ausgehend von den Ergebnissen aus Teilaufgabe a) entwickeln die Schülerinnen und Schüler geeignete Vergleichskriterien, z. B.: Ausgangslage, Figurenkonstellation bzw. -disposition, Anlass oder Auslöser der Ehrverletzung bzw. der Erniedrigung, Art und Verlauf der Ehrverletzung bzw. der Erniedrigung, Bedeutung und Auswirkung auf die Figur(en) und das gesellschaftliche Umfeld bzw. Reaktionen und Konsequenzen, Einbettung in den kulturgeschichtlich-gesellschaftlichen Kontext usw.

Lösungshinweise zu ARBEITSBLATT 1b (➤ S. 13)

Arthur Schnitzler: *Lieutenant Gustl* (1901)

Lesen Sie *Lieutenant Gustl*, Reclam XL, S. 7–13, und bearbeiten Sie folgende Arbeitsaufträge:

1. Nennen Sie zentrale Themen und Motive innerhalb Gustls Gedankensprüngen und geben sie die entsprechenden Seiten- und Zeilenangaben an.
   Oratorium/Musik (vgl. 7,1 ff.; 7,25 ff.; 9,24 ff.; 10,32 ff.; 13,9 ff.)
   Frauen/Steffi (vgl. 8,31 ff.; 10,14 ff.; 13,12 ff.)
   Streit mit dem Doktor (vgl. 9,17 ff.; 11,7 ff., 12,7 ff.)
   Spielerei (vgl. 9,30 ff.)
   Geldsorgen (vgl. 10,5 ff.)
   Judentum (vgl. 9,12 ff.)
   Duell (vgl. 10,34 ff.)
   Militär (vgl. 11,19 ff.; 12,5 ff.; 12,28 ff.)

2. Drei Figuren werden in Gustls innerem Monolog auf diesen Seiten besonders erwähnt. Charakterisieren Sie das Verhältnis zwischen Gustl und der jeweiligen Figur knapp.

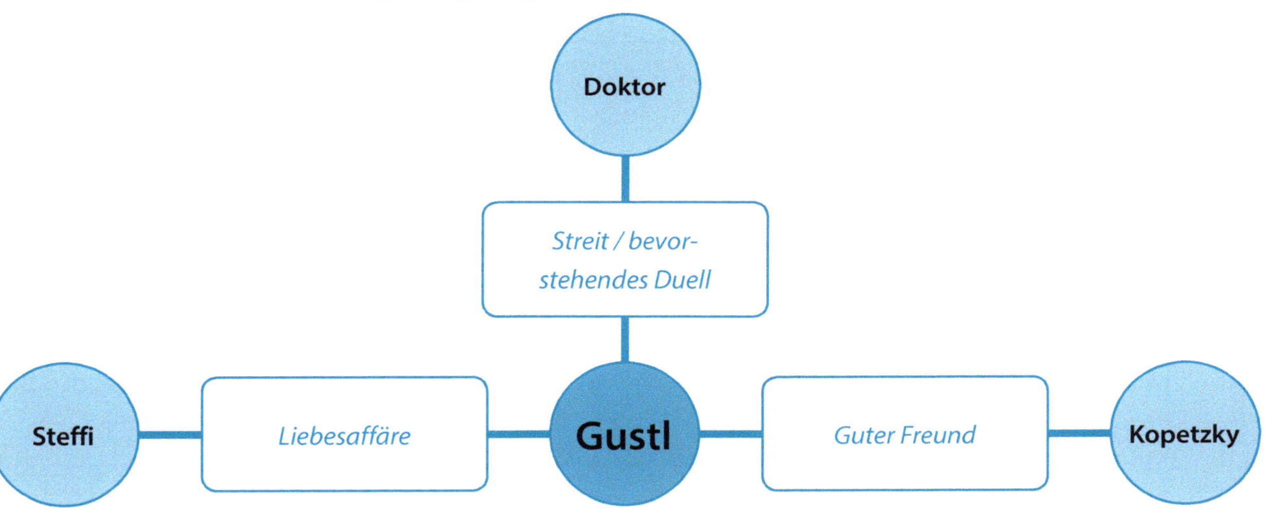

3. Erschließen Sie in dem gelesenen Abschnitt sprachliche Auffälligkeiten und deuten Sie deren Funktion im Zusammenhang.
   - *Zahlreiche Fragen, die die Unsicherheit und Unwissenheit Gustls zeigen*
   - *Viele Ausrufe, die die impulsive Art Gustls betonen*
   - *Umgangssprachlich gefärbte Ausdrucksweise, um die Unmittelbarkeit der Gedanken aus dem Inneren des Ich-Erzählers klarzumachen*
   - *Tautologie (8,6 f.: »tote Leiche«), die schon erste Aufmerksamkeit auf ein mögliches Ende Gustls lenkt*
   - *Zahlreiche Ellipsen, um die Schnelligkeit der Gedanken zu verdeutlichen*
   - *Gehäufte Wiederholungen von Figurennamen in aufeinanderfolgenden Sätzen (vgl. 8,32 ff.; 9,33 ff.), um darzustellen, wie stark sich ein Gedanke an die jeweilige Figur in Gustls Kopf ausbreitet*

Erzähltechnische Schwierigkeiten und Leitmotive

1. Überprüfen Sie, ob Schnitzler erzähltechnische Schwierigkeiten, die der innere Monolog mit sich bringt, überwunden hat, indem Sie am Text folgende Thesen widerlegen!

These zu erzähltechnischen Schwierigkeiten	Untersuchung / Widerlegung am Text (Hinweis: Die Textstellen sind nur beispielhaft genannt, nicht vollständig)
»Der Leser kommt ohne äußere Erklärungen nicht zurecht. So kann er z. B. nicht wissen, wer die Personen sind, da sie im inneren Monolog nicht extra vorgestellt werden können!«	*Da Informationen zu Ort und Zeit eingefügt werden, kann der Leser den Überblick bewahren. Zudem fallen keine Namen, die der Leser nicht anhand Gustls Erinnerungen zuordnen kann.* *Beispiele: Ort (Cafe Hochleitner: 18,18; Aspernbrücke: 22,10), Uhrzeit (19,31 f.) und Datum (31,14 f.), Erklärungen zu Doschintzky (11,12 f.), zum Bäckermeister (15,15 ff. und 18,2 ff.) oder zu Steffi (9,1 ff.)*
»In der Novelle passiert nichts, sie ist handlungsarm.«	*Zwar ist die Novelle handlungsarm, dennoch werden entscheidende Handlungen mit eingebunden, so dass eine in sich stimmige Konzeption nicht von der Hand zu weisen ist.* *Beispiele: Die Ehrverletzung als Ausgangssituation (S. 15 f.), Gustls innere Zerrissenheit während des Spaziergangs (z. B. S. 22 ff.), das Nachdenken im Prater (S. 25 ff.), die Episode in der Kirche (S. 38), das Novellenende im Kaffeehaus (S. 42 ff.)*
»Gustl ist zwischen der Szene in der Garderobe und dem Wiedereintreffen im Kaffeehaus völlig auf sich alleine gestellt. Die andauernde Konfrontation mit seinen losen Gedankenfetzen macht die Lektüre für den Leser langatmig und schwierig.«	*Verschiedene Dialoge werden in den inneren Monolog mit eingebunden. So ist der Leser definitiv nicht nur Gedankenfetzen ausgesetzt. Gustls Sprachlosigkeit und Isolation ist nicht anders als in diesem inneren Monolog auszudrücken.* *Beispiele: Begegnung mit Katzer (36,10 ff.), Erinnerung an ein Manöver (39,27 ff.)*

2. Untersuchen Sie, inwieweit sich Gustls Gedanken immer wieder um gleiche Vorstellungen, Gedanken, Erinnerungen und Themen drehen, indem Sie stellvertretend überprüfen, an welchen Stellen in *Lieutenant Gustl*, Reclam XL, S. 17–34, der Säbel und die Augen erwähnt werden und welche Funktion diese beiden Motive übernehmen!

Motiv des Säbels

- *S. 17, Z. 9 f.: Säbel als zum Leben notwendiges Status- und Phallussymbol (auch S. 29, Z. 25 ff.)*
- *S. 20, Z. 21-25: Fluch und Segen: Säbel als Aufwertung und Belastung zugleich*
- *S. 21, Z. 12 ff.: Säbel als Verpflichtung*

Motiv der Augen

- *S. 18, Z. 2: bedrückende Vorahnung, den Bäcker wieder zu sehen*
- *S. 23, Z. 12 f. bzw. S. 24, Z. 13 f.: Erinnerung an Augenverletzung des Herrn von Engel und an Verlust des Augenlichts des Kadett-Stellvertreters*
- *S. 32, Z. 15: völlige Dunkelheit*
- *S. 34, Z. 26: Morgendämmerung lässt Gustl wieder sehen*

Lösungshinweise zu ARBEITSBLATT 4b (➤ S. 40)

Vergleich zwischen Paulus und Lieutenant Gustl

1.

Paulus		Gustl
Entschiedener Christengegner	Überzeugung vor dem Ereignis	*Überzeugter k. u. k. Soldat*
Erbarmungslose Verfolgung der Christen	Verhalten vor dem Ereignis	*Abschätzige Behandlung nichtmilitärischer Personen*
Erscheinung Jesu	Ereignis, das eine Wandlung auslösen könnte	*Zusammenstoß mit Habetswallner*
Erblinden und 3 Tage und 3 Nächte Marsch nach Damaskus	Unmittelbare Folge des Ereignisses	*»blinde« Angst vorm Ehrverlust; eine Nacht Umherirren in Wien*
Überdenken der bisherigen grausamen Taten an den Christen	Möglichkeit, die durch das Ereignis geboten wird	*Überdenken des bisherigen überheblichen, einfältigen Soldatenlebens*
Hananias	Helfer für die Wandlung	*Auf sich allein gestellt*
Eintreten für christlichen Glauben	Überzeugung am Ende der Erzählung	*Überzeugter k. u. k. Soldat*
Komplette Wandlung	Erfolg der Wandlung	*Komplett erfolglos*

2.

Autorintention hinter der Schilderung der Figur Paulus:
Die Wandelbarkeit jedes Menschen soll betont werden, egal wie stark er zuvor einer falschen Überzeugung anhing.

Autorintention hinter der Schilderung der Figur Lieutenant Gustl:
Die Einfältigkeit und Engstirnigkeit der k. u. k. Soldaten soll gezeigt werden, die sich trotz mancher richtiger Gedanken nicht von ihrer überheblichen Überzeugung abbringen lassen.

Lösungshinweise zu ARBEITSBLATT 5b (➤ S. 51)

Gustls nächtliche Odyssee durch Wien

Konzerthaus (S. 14–17)

- *Konfrontation mit dem Bäckermeister mit daraus folgenden Konsequenzen*
- *Gustl kann Bäckermeister nicht töten, da er sich mit dem Gedanken beschäftigt, ob die anderen Konzertbesucher von diesem Vorfall etwas mitbekommen haben*
- *Vorgeschichte (Duell)*
- *Ehrverlust und daraus folgender Selbstverlust*
- *Gustl rennt kopflos auf die Straße*

➤ *In bürgerlicher Gesellschaft gerät Gustl in Konflikt mit dem gültigen (aggressiven) Normensystem.*

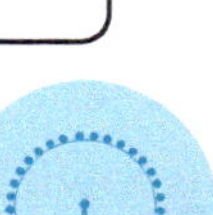

Prater (S. 25–34)

- *Gedanken an Selbstmord »morgen früh um sieben«: Erkennen persönlicher Defizite*
- *Wunsch. noch einmal heimzufahren und sich zu verabschieden*
- *Kopetzky ist an allem schuld wegen Billet*
- *Gedanken an Flucht nach Amerika*
- *Suche nach Gründen für Ausraster bzw. Unhöflichkeit in der Garderobe*
- *Erinnerung an Absagen von Steffi, an Kindheit und Familie, an »Rackerei« in der Kaserne, an Galizien*
- *wenig Schlaf, Angst, Frösteln, Dunkelheit*
- *Selbstmitleid*

➤ *Die Naturumgebung des Praters (angenehme Luft, Blühen, Kälte) entspricht ›natürlichen‹ Regungen Gustls (Fluchtgedanken, Rückkehr nach Graz, eigene Fehler), die nicht von den von außen vorgegebenen Normen gefiltert sind.*

Kaffeehaus (S. 42–45)

- *Vorstellung, seinen eigenen Tod in der Zeitung zu lesen*
- *Kellner überbringt Nachricht vom Tod des Bäckermeisters*
- *Gustl lässt Selbstmordplan fallen*
- *Freude, Erleichterung, Erlösung*
- *Vorbereitung auf das Duell mit dem Doktor (= Rückkehr in das alte Leben)*

➤ *In bürgerlicher Gesellschaft kehrt Gustl in das gültige (aggressive) Normensystem zurück.*

Ringstraße (S. 17–22; S. 41 f.)

- *Einsicht in Satisfaktionsunfähigkeit*
- *Gedanke an Notwendigkeit des Selbstmords*
- *Gefühl der Ausweglosigkeit*
- *Selbstmitleid*

* * *

- *Vorfreude auf das Frühstück*
- *Nachdenken über seine Abschiedsbriefe*
- *Bedauern entgangener Verhältnisse*
- *staatliche und militärische Machtsymbole geben Gustl Sicherheit zurück: Planung des Suizids*
- *Rückkehr zum vom Militär bestimmten Selbst*

➤ *Herrschaftlich-militärische Bebauung der Ringstraße verstärkt Gustls Besinnung auf die gesellschaftlich-militärischen Normen.*

Kirche (S. 37 f.)

- *Gefühlsäußerungen, Zittern, Schwindel*
- *Gedanke an Mutter, Beichtgang*
- *»altes Weib«: Wunsch, ihn ins Gebet einzuschließen*
- *Musik (Orgelklänge, Gesang) erinnert ihn an Ereignisse des vergangenen Abends*
- *Fluchtartiges Verlassen der Kirche*

➤ *Kirche repräsentiert für Gustl eine Gegenwelt zum Militärischen (weiblich, weich, gefühlsbetont) und verstärkt diese Seite in ihm.*

 (➤ S. 79 f.)

Sigmund Freuds Instanzenmodell

»[…] Seinem Vorschlag zufolge setzt sich die Struktur der Psyche eines Menschen aus drei Teilen (Instanzen) zusammen, dem ›Es‹, dem ›Ich‹ und dem ›Über-Ich‹. Er vertrat die Ansicht, dass der überwiegende Teil der menschlichen Entscheidungen ›unbewusst‹ und nur ein geringer Teil ›bewusst‹ motiviert ist. […]

Das ›Es‹ bildet das triebhafte Element der Psyche und kennt weder Verneinung noch Zeit oder Widerspruch. Damit bezeichnet Freud jene psychische Struktur, in der die Triebe (z. B. Hunger, Sexualtrieb), Bedürfnisse und Affekte wie Neid, Hass, Vertrauen oder Liebe gründen. Die Triebe, Bedürfnisse und Affekte sind auch Muster (psychische ›Organe‹), mittels derer wir weitgehend unwillentlich bzw. unbewusst wahrnehmen, und durch die unser Handeln geleitet wird. [Das ist der ursprüngliche Zustand: Ein Kleinkind wird zunächst nur vom ›Es‹ gesteuert.]

Das ›Ich‹, Randgebiet des ›Es‹, bezeichnet jene psychische Instanz, die mittels des vernünftigen und selbstkritischen Denkens sowie mittels kritisch-rational gesicherter Normen, Wertvorstellungen und Weltbild-Elemente realitätsgerecht vermittelt […].

- Denken, Erinnern, Fühlen, Ausführen von Willkürbewegungen
- Vermittler zwischen impulsiven Wünschen des Es und des Über-Ich
- sucht nach rationalen Lösungen […]

Das ›Über-Ich‹ schließlich bezeichnet jene psychische Struktur, in der die aus der erzieherischen Umwelt verinnerlichten Handlungsnormen, Ich-Ideale, Rollen und Weltbilder gründen.

- ›Gewissen‹
- moralische Instanz, Wertvorstellungen
- Gebote und Verbote der Eltern und subjektiv empfundene Autoritäten dienen als Vorbild
- Vorstellungen von Gut und Böse
- der Gegenpart zum ›Es‹

Das ›Ich‹ und das ›Über-Ich‹ entstehen aus dem ›Es‹ [das dem ursprünglichen, kindlichen Zustand entspricht]. Die Verdrängung von Vorstellungen (insbesondere solchen aus dem ›Es‹) wird dem ›Über-Ich‹ zugeschrieben. Dieses ist ein Teil des ›Ich‹ und beurteilt seine Gedanken, Gefühle und Handlungen. […] Nach Freud entsteht ein Großteil der Motivation menschlichen Verhaltens aus dem unbewussten Konflikt zwischen den triebhaften Impulsen des ›Es‹ und dem strengen, bewertenden ›Über-Ich‹. […]«

Sigmund Freud. In: Wikipedia. Die freie Enzyklopädie. de.wikipedia.org/wiki/Sigmund_Freud (Stand: 26.7.2019). –

 (➤ S. 79 f.)

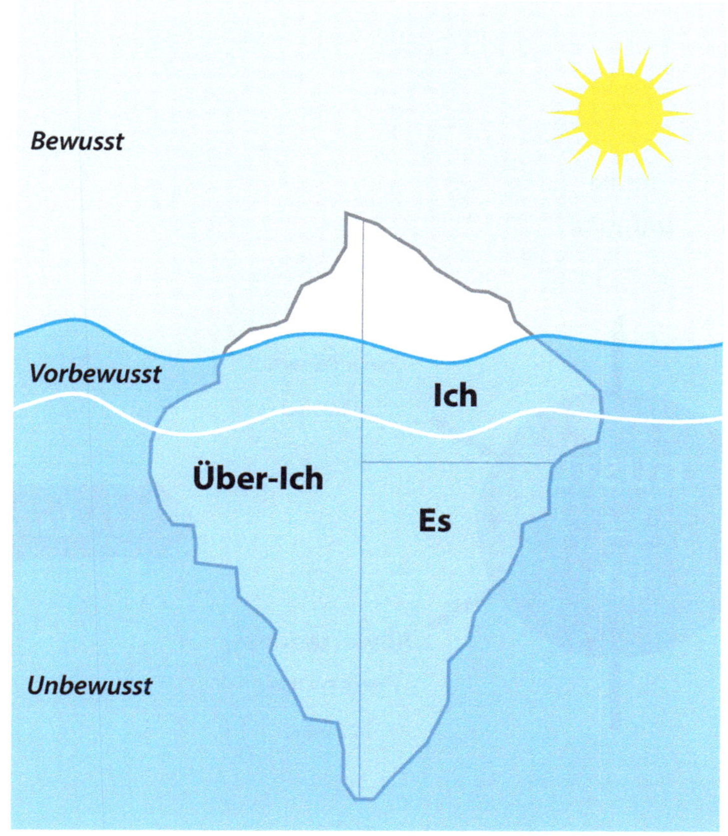

Eisberg. In: de.wikipedia.org/wiki/Eisbergmodell (Stand: 26.7.2019).

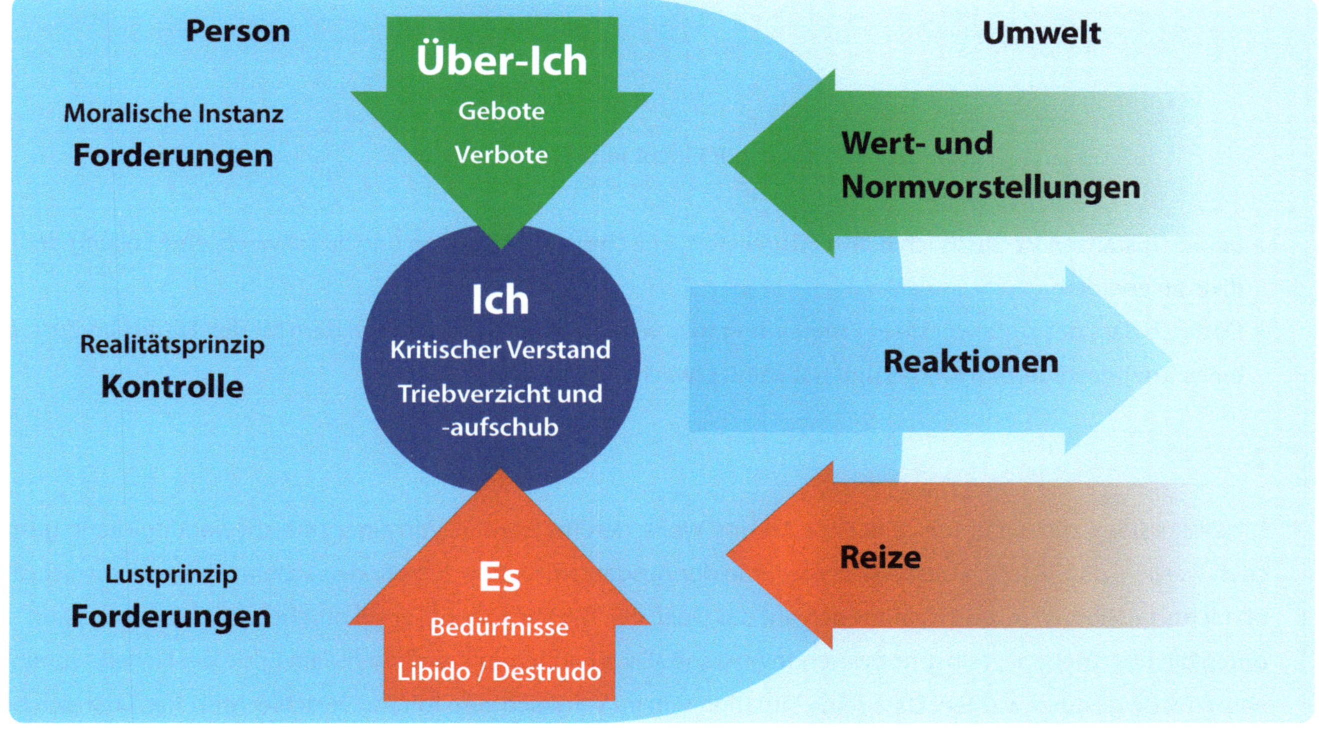

Lösungshinweise zu ARBEITSBLATT 8c (➤ S. 81)

Gustls Abwehrstrategien

1.

Fazit: nur Flucht in Scheinlösungen

- Beiden Instanzen ist Gustls Ich hilflos ausgeliefert, er ist innerlich zerrissen und zu schwach, eine Lösung des Konflikts zu erwirken.
- Dadurch dass das Unbewusste in Erscheinung tritt, wird deutlich: Gustl ist nach dem Modell Freuds im Zustand eines (triebgesteuerten) Kindes und hat keine erwachsene Identität.

2.

Die Diskussion kann auf unterschiedliche Art und Weise geführt werden. Von einer »Kreisbewegung« kann gesprochen werden, da Gustl sich tatsächlich wieder in der Ausgangssituation zu befinden scheint. Er benimmt sich, als ob nichts passiert wäre, und bereitet sich auf das Duell vor. Die Vermutung, er sei nun befreiter als zuvor, kann durch die übertriebene, selbstmotivierende Aussage »Dich hau' ich zu Krenfleisch!« am Ende der Novelle zumindest ansatzweise gestützt werden. Dass seine Situation sich im Vergleich zum Anfang verschlechtert hat, lässt sich begründen, wenn man das Ehr- und Normensystem, das Anfang des 20. Jahrhunderts und somit für Gustl eigentlich gilt, ernst nimmt: Gustl hat nach diesem Kodex definitiv seine Ehre und seine Lebensberechtigung verwirkt. Die in seinem Über-Ich verankerte Norm wird ihn innerlich immer wieder einholen, zumal sie ihm bewusst ist (vgl. 21,11).

Lösungshinweise zu ARBEITSBLATT 9a (➤ S. 90)

Aufgabenstellung

Ihr Deutschkurs ist an einem fächerübergreifenden Projekttag der Oberstufe zum Thema »Die Familie: Eine Betrachtung aus natur- und geisteswissenschaftlicher Perspektive« beteiligt und gestaltet dazu in einem Klassenzimmer Ihrer Schule die Ausstellung »Nur Randfiguren oder doch heimliche Lenker? Geschwister in der deutschsprachigen Literatur«. Im Ausstellungsraum sollen literarische Texte, Sachinformationen, veranschaulichendes Bildmaterial und audiovisuelle Beiträge präsentiert werden.

Sie erhalten den Auftrag, einen einführenden Vortrag zu dieser Ausstellung zu halten, in dem Sie die anwesenden Schüler, Lehrkräfte, Eltern und Gäste über Ihr Thema »Vom Einfluss der Geschwister auf das Verhalten von Protagonisten in ausgewählten Schullektüren der Oberstufe« informieren.

Verfassen Sie diesen Vortragstext! Berufen Sie Sich dabei schwerpunktmäßig auf passende Schullektüren. Beiliegendes Material bietet Auszüge aus den Werken *Lieutenant Gustl* (Arthur Schnitzler), *Die Verwandlung* (Franz Kafka), *Faust I* (Johann Wolfgang Goethe) sowie Sachtexte zu *Die Räuber* (Friedrich Schiller) an. Verarbeiten Sie das Material auf eine erkennbare Art und Weise! Ergänzen Sie Ihre anhand der Materialien erarbeitete Darstellung um weitere eigene Kenntnisse zu diesem Thema in der Literatur und ggf. im Film. Zitate aus den Materialien werden dem Stil des Vortrags entsprechend ohne Zeilenangabe nur unter Nennung des Autors und ggf. des Titels zitiert.

Ihr Vortragstext soll etwa 900 Wörter umfassen.